岩波現代文庫
学術 124

中村 元

仏典のことば

現代に呼びかける知慧

岩波書店

仏教の知慧――まえがき

永い年月にわたって仏教の研究に打ち込んできた人間として、なにか後世に言いのこしたいことがありはしないか、それを三回の石坂泰三氏記念講演にまとめてくれないか、というのが国際文化教育交流財団当局の依頼であった。

これは前田陽一氏が発案されたとのことであるが、国際文化会館常務理事の加藤幹雄氏から直接に話があり、また故・石坂泰三氏の長男・石坂一義氏から愚弟・中村進を通じての話でもあった。その際に財団当局からは二つの特徴を考慮するようにとのことであった。

(1) 専門学術的な発表ではなくて、学術的ではあるが同時に社会一般に向かっての啓蒙的なものであること。

(2) 現代の時勢に連関をもち、現代社会において重要な問題を論ずること。

これらの点は現代人として重要なことであり、考えているうちに、いつのまにか引き受けてしまったわけである。

この講演が参会者の方々にどれだけお役に立ったかはわからないが、ともかくこういう種類の考察はぜひ必要であると思う。仏教に関する書物はいま夥《おびただ》しい勢いで刊行されつつあるが、しかしそれらが今の社会人にどれだけ道しるべになっているか、ということになると、首をかしげざるをえない。試みとしては、ぜひ必要であると思った。

しかし準備は思うに任せず、ついに期日を迎えてしまった。一九八七年六月に経団連会館で三回の連続講演をやっと完了することができた。朝野の指導的立場にある方々が多数ご参集くださったことを深く光栄に思っている。

つづいて講演筆記を起こし、また手もとの資料にもとづいて刊行する段取りとなったが、それには財団関係の方々のほかに、三回の講演の司会者であった前田專學博士(東京大学教授)が全作業を見通し指導して、具体的には谷沢淳三氏(東京大学文学部助手)が作業に当たられた。時間のかかる厄介な仕事を完成してくださったことに深く感謝している。

今までに、わたくしは仏教について啓蒙的な書もいろいろ著わしたが、現在の緊急な問題に正面から取り組んだのは、初めてである。わたくしの知識不足のために適切に論及しえたとは言えないであろうが、自分なりに連絡をつけたつもりである。

手数のかかる仕事ではあったが、出典は全部明示してもらうことにした。「仏教の社会思想」を論じた書は稀であり、ことに最初期のインド仏教については、ほとんど見当たらない。関心のあられる方が、これらの出典を手がかりにして、将来考究を進められることを希望する。

＊

刊行が完了しないうちにまったく思いがけない、とんでもないことが起こった。前田陽一博士が逝去されたことである。前田氏はこの連続講演を発案されたばかりでなく、非常な多忙の中を三回とも出席して聴いてくださったし、さらに司会者ならびに講演者をねぎらう会席を開かれたり、いろいろ心を砕いてお世話くださった。ただ感謝の極みである。

いま静かに前田陽一氏のことを思うと、その温かな、人なつこい童顔が眼の前に浮んで来る。もしもあのときご葬儀に列席していなかったとしたら、逝去ということが今なお信ぜられないほどである。何十年にわたって心の通う温かい厚誼にあずかった。恐らく国際文化教育交流財団の講演シリーズとしては、わたくしのものが同氏にお世話になった最後のものであろう。このご厚誼は有難いことではあったが、もうお目にかかれぬと思うと、痛惜の至りである。

＊

最後に、この書がサイマル出版会から刊行されることになったのは、国際人である前田さんのご好意を生かす所以であるとも思い、有難く思う。社長・田村勝夫氏には多年ご厚誼にあずかり、そのほか同会の幹部には旧知の方々もおられる。国際交流に尽力してこられた知人の書と並んで、この書を出していただけることは有難いと思う。

今ここに刊行されるわたくしの講演が、どれだけ石坂レクチャーズの目的にかなうものであるのか、また読者の方々のご期待にそいえたものであるか、甚だ心もとなく思う。しかし、興味関心をもってくださる方々があれば、そのご叱正・ご意見にもとづいてさらに吟味検討を加えて所論を是正発展させたいと願っている。

最後に、いちいちお名前を出さなかったけれども、この機会を与えてくださった方々、ご協力くださった多くの方々に改めて心からなる感謝を捧げたい。

一九八九年八月

中村　元

目次

仏法と人間——プロローグ

1　無常変遷のうちに道理を見る

現代の文明の進展について、あるいは現在の世相について、仏教を勉強している者の立場から、なにか言っておきたいことはないか。後世の人びとに呼びかけることはないか。現代との連関という視点から、三回にわたる一連の講演をするように、というのが国際文化教育交流財団当局からのご依頼でございました。

「仏教を勉強している者の立場から」というご依頼でございますが、そもそも「仏教」とはなにをいうのであるのか、という問題が起こってまいります。日本の仏教には多数の宗派がありまして、その説くところもいろいろであります。もしもわたくしがかりに「仏教では」として述べますと、それはわたくし個人の見解であって、実はどの宗派も承認しないものであるかもしれない。もしもそうだとすると、その意義が欠けてくると思うのであります。

そこでわたくしは仏典のことばを手がかりとして、現代の問題を論じようと思います。仏典のことば、文章は明確な形で述べられておりまして、その限りにおいては、どの宗派の人でも承認せざるをえないものであります。そして、そのことば、文章は、時代の差、民族の差を超えて、現代の人でも承認せざるをえないものがございます。おそらく他の宗教の方々でも、その限りにおいては、その意義を認めるのにやぶさかではないでありましょう。

＊

仏教の説く道理を、身近なことばで表現しているものとして、われわれはどなたでもご存じの「いろは歌」を思い浮かべて、そこから考察を始めようと思います。

「色は匂《にほ》へど散りぬるを　我が世たれぞ常ならむ　有為《うゐ》の奥山《おくやま》今日《けふ》越えて　浅き夢見じ酔《ゑ》ひもせず」と。

これは、仏教の無常観を歌った今様歌で、平安朝初期よりも後の成立と推定されています。俗説によると、弘法大師の作であるといいます。立派なすぐれたものは、みな弘法大師の作になってしまいますが、ともかくこれは、民族の歌であるといえましょう。

これは仏典のうちのあちこちに出ております

「諸行無常　是生滅法《ぜしょうめっぽう》　生滅滅已《しょうめつめつい》　寂滅為楽《じゃくめついらく》」

という詩の邦訳であります。その原文では次のように述べられています。

「もろもろのつくられたものは、無常である。生じては滅びる性質のものであり、生じてまた滅びる。それらの静まることが安楽である」と。

「諸行無常」ということばは、つねに仏教的な表現としてあまねく知られておりますが、平易に表現しますと、「この世のものは、うつりかわる」と言ってもよいでしょう。ただし邦訳としての「いろは歌」は、インドの原文や漢訳に比べてみて、いかにも日本的な特徴がはっきりと表明されています。

(1)「花の色が匂い」「散り」「奥山を越える」という表現は、具象的、直観的です。インドの原文が抽象的、思弁的であるのと顕著な相違を示しています。

(2)「いろは歌」は情緒的です。平静な心境を尊んだ大陸の修行者の心境とは、受け取り方が異なります。

(3)「浅き夢見じ、酔ひもせず」といって、強靭《きょうじん》な決意の表明が見られます。意志的行動を重んじたわれわれの祖先の心構えが見られるように思われます。やはり日本人の歌です。

ところで、人びとは無常の理を見失っているから、煩悶《はんもん》もあり、嘆き悲しむのですが、もしも無常ということが、のがれられぬ道理であると観ずるならば、煩悶も消えうせることになります。

「世間の人びとは、死と老いとによって害《そこな》われる。されば、賢者は世のありさまを知って悲しまない」(1)(『スッタニパータ』)

「ああ、もうだめだな」と気づくことによって、覚悟が定まる。「覚悟」ということばは、文字通り「道理をさとる」ということです。

「いろは歌」の説くところは、この「無常のことわりを通じて永遠不変なるものを見よ」ということであります。この永遠不変なるものを、「ダルマ」と、もとのことばで申しますが、それを漢文では「法」と訳します。あるいは「道」と訳すこともあります。この法は人間にとって至上のものです。このダルマというのは「保つもの」という意味ですが、つまり、人を人として保つものです。それは人間の真理です。だから仏教のことを「仏法」というのです。

その法は神々の権威よりも、仏の権威よりも上に位すると言われます。「如来が世に出たもうとも、出ずとも、この法の本性は定まったものである」と。その法は、民族や時代の差を超えて、さらに諸宗教の区別を超えて、実現さるべきものです。

この法は単なる法律とも異なっています。社会的に現存するもろもろの法律をさえも批判するためのよりどころとなる根源的な「法」です。無常なる移りゆくもののうちにあって永遠なるものです。

この無常であるということ、あらゆるものは変遷するものであるということを見通すわけです。ひとと別れるということは、つらいことです。ひとに会わないということは淋しい。

仏弟子であった長老ヴァッカリは、自分の臨終の床に釈尊（ゴータマ・ブッダ）の訪問をうけて言います。

「尊いお方さま。わたくしは尊師にお目にかかるために、おそばに参りたい、と長い間希望しておりました。しかし、尊師にお目にかかりに行けるだけの体力がもうわたくしの体の中には残っておりません」

これに対して釈尊は無常なるものを通して永遠なるものを見ることを教えます。もう病重くて臨終にある仏弟子が、釈尊にもはや会えなくなる、自分が亡くなるともう会えなくなるということを嘆き悲しんだのですが、それに対して釈尊は教えて申しました。

「もうそんなことを言いなさるな。やがては腐敗して朽ちてしまうわたくしのこの肉身を見たとて、何になりましょう。ものごとの理法（ダルマ）を見る人は、わたくしを見るのです。またわたくしを見る人は、ものごとの理法を見るのです。実に、ものごとの理法を見ている人は、わたくしを見ているのです。またわたくしを見ている人は、ものごとの理法を見ているのです[2]」

「仏を見る」というのは、仏の肉体を見ることではなくて、ものごとの理法を見ることにほかなりません。

この点を考えますと、世の中の指導者は、その人個人が指導者であると考えてはなりません。つねに理法に目を向けていなければならないわけです。

釈尊が老いて病重くなったのを見て、弟子たちは不安になりました。師の没後には、いったいどうなるのだろうかと思ったのです。

かれは愛弟子アーナンダに向かって諭《さと》しました。

「アーナンダよ。修行僧たちは、わたくしに何を期待するのであるか。わたくしは内外の隔てなしに、ことごとく理法を説いた。全《まった》きひと(ブッダ)の教えには、なにものかを弟子に隠す教師の握りこぶしというものは存在しない」

素手で説いたというわけです。

「『わたくしは修行僧のなかまを導くであろう』とか、あるいは『修行僧のなかまは、わたくしに頼っている』と、このように思う者こそ、修行僧のつどいに関して何ごとかを語るであろう。しかし向上、修養につとめた人は『わたくしは修行僧のなかまを導くであろう』とか、あるいは『修行僧のなかまはわたくしに頼っている』とか、そう思うことがない。向上につとめた人は修行僧のつどいに関して、何を語るであろうか」(3)(『マハーパリニッバーナ経』)

自分は指導者ではない。「親鸞は弟子一人ももたず」という告白に通ずるものです。自分が説き明かした「人として生きる道」がよるべであり、それがすべてであります。全力を投じて八〇年の生涯を生きた人には、死して何らの心残りがなかったのです。

ゴータマ・ブッダ(釈尊)の説くところは、少なくとも表面的には観念的な保守主義でした。つまり、理法が永遠のものであるならば、永い間奉ぜられていたことがらは、良いものであるに違いないというのです。

当時の優れた商業民族であったヴァッジ人に言及して申します。

「アーナンダよ。ヴァッジ人が、未来の世にも、未だ定められていないことを定めず、すでに定められたことを破らず、往昔に定められたヴァッジ人の旧来の法に従って行動する間は、ヴァッジ人には繁栄が期待され、衰亡はないであろう(4)」

古代インドの強国マガダ国王であったアジャータサットゥは、隣国ヴァイシャリーを征服しようとして戦争の準備をしようとしていましたが、この征服行動を起こしてよいかどうか、と釈尊に伺《うかが》いをたてたところが、釈尊は、ヴァイシャリーを支配しているヴァッジ族は立派な氏族だから、戦争をしかけるなと言って、アジャータサットゥ王に侵略を断念させました。

その時の釈尊の多くの教えのうちに、今の文句が述べられているのです。

国は過去からの文化や技術の伝統を受け継いで生かすことによって、力がついて、繁栄するのです。具合の悪いことは、改めて棄てなければなりませんが、理由もなく捨て去るのは、国の力を弱めることになるのです。

「法」というのは、人として生きる道ですが、またそれは硬直したものであってはなりません。その具現の仕方は、時代によって変化する柔軟なものでなければならないのです。「古いものを喜んではならない。また新しいものに、魅惑されてはならない。滅びゆくものを、悲しんではならない。牽引《けんいん》する者(妄執《もうしゆう》)に、とらわれていてはならない(5)」と。

これは人生の指針として素晴らしい言葉だと思います。しかし総じて、人間の習性でありましょうが、年老いた人は昔を懐かしみ、昔あったものを何でも良いものだと思う。他方、若い人は、何でも新奇なものにひきつけられ、古いものを破壊しようとする。この二つの傾向は、互いに矛盾し抗争します。これはいつの時代でも同じことです。しかし、どちらの傾向も偏《かたよ》っていて、一面的であると言わねばなりません。

もしも昔のもの、古いものをことごとく是認するならば、進歩や発展はありえないでしょう。だから、「古いものを、喜んではならない」「滅びゆくものを、悲しんではならない」というのです。

またもしも、すべて過去のものを否認し破壊するならば、人間の文化そのものがありえないでしょう。文明は、過去からの人間の努力の蓄積の上に、成立するものであるからです。だから「新しいものに、魅惑されてはならない」、新しいというだけで飛びついてはならない、というわけです。

それからまた、人間は、どうかすると、人間の根底にひそむ、目に見えない、どす黒いものに動かされて衝動的に行動します。だが、それは進路をあやまり、破滅のもとになります。だから「牽引する者」(妄執)に、とらわれていてはならない、と。

では、過去に対して、「どちらにも偏っていない中道をとるのだ」といって、両者の中間をとるならば、それは単に両者を合して希薄にしただけにすぎないのでありまして、力のないものになってしまいます。

転換期に当たって、ある点に関して古いものを残すか、あるいはそれを廃止して新しいものを採用するかという、決断に迫られるのでありますが、その際には、その決断は一定の原理に従ってなされねばなりません。

その原理は、人間のためをはかり、人間を高貴ならしめるものでなければなりません。それをサンスクリット語では「アルタ」と申します。漢訳では「義」とか「利」とか訳しておりますが、日本の言葉でいえば「ため」とでも言いうるでしょう。それは「ひとのため」であり、それが同時に高い意味で「わがため」になるのです。それは人間に最高目的を達成せしめるものでなければなりません。

2　道理を見るとは自己を実現すること

亡くなる前の釈尊の述懐を、お伝えしましょう。

愛弟子アーナンダに向かってこう言います。

「アーナンダよ。わたくしはもう老い朽ち、齢《よわい》をかさね老衰し、人生の旅路を通り過ぎ、老齢に達した。わが齢は八〇となった。譬《たと》えば古ぼけた車が革紐の助けによってやっと動いていくように、恐らくわたくしの身体も革紐の助けによってもっているのだ。

しかし、向上につとめたひとが一切の相をこころにとどめることなく、一部の感受を滅ぼしたことによって、相のない心の統一に入ってとどまるとき、そのとき、かれの身体は健全(快適)なのである。

それゆえに、この世で自らを島とし、自らをたよりとして、他のものをたよりとせず、法を島とし、法をよりどころとして、他のものをよりどころとせずにあれ」(6)

これは釈尊の説法の一つです。かれは愛弟子アーナンダを伴って、自分の生まれ故郷であるネパールの方に向かって旅立つのですが、当時の商業都市ヴァイシャリーを過ぎてから病に苦しみます。

八〇歳の老修行者が静かに旅をつづける。かれはもう自分の死期の遠くないことを予感したらしいのです。自分のからだが古ぼけた車のようにガタガタになっていると感じます。しかし精神が悩まされることがなければ、かれは賢明な判断を下すことができます。心が身体を支配しているならば、その身体は健全であると言えましょう。そういう状態で下された教えが、右に述べられた「自己にたよれ、法にたよれ」ということです。

事にあたって、最終的な判断を下すもの、これは自分です。自分がすべての責任をもたねばならない。だから他人にたよってはならない。昔からの習慣とか他人の意見というものは、当然考慮されるべきものでありますが、決断は自分自身の下すものです。失敗したからといって他人のせいにするわけにはいきません。

では、自分にたより自分が決めるといっても、それはわがままなことをするのであってはなりません。自分の決定は、人間としての理法、道理にもとづくものでなければなりません。この理法・道理をインド人は「ダルマ」と呼び、漢訳仏典では「法」とか「道」とか訳すわけです。

自分の決定が理法・道理にしたがっているならば、たとい他人が反対しても意に介するに当たりません。「百万人と雖《いえど》も、われ行かむ」という勇気が出てくるわけです。だから「自己にたよる」ということは、同時に「法にたよる」ことになります。

それから「自らを島とし」と申しますが、この「島」は仏典のある漢訳では「洲」と訳していいます。つまり、インドでは大洪水になると一面に水びたしになります。まわりに山が見えませんから、どちらを向いても大海原なんです。そのなかで処々に洲が残っている。高いところがちょっと残っている。それが人びとのよるべとなる。それに譬えているのです。

自己にたよるということが、人間の理法を実現することであるというならば、その自己は他人から切り離された存在ではありません。他人と密接な関係にあります。否、めいめいの自己のうちに他人を含んでいるのです。

これは、『華厳経』のなかにある文章をもとのことばから翻訳したのですが、「身体の一つの毛穴のうちに、一切の国土の原子の数ほどもある、大海のように広大な仏国土がふくまれている(7)」。

これに相当する唐訳の『華厳経』には、

「一一の毛孔の中に、微塵《みじん》の数の刹《せつ》(国土)の海〔のごとくなるもの〕あり。悉《ことごと》く如来ありて坐し、皆な菩薩衆を具す(8)」

となっています。

われわれの身体は限られたものでありますが、身体の寿命は短く、「たとい百歳を越ゆるとも、また老衰のために死す」(9)と昔から言い伝えられているように、時間的には有限です。地球上の長い生命の歴史からみると、ほとんど無に近いものです。

また空間的にも身体は有限です。一つの身体は一つの椅子《いす》に腰かけるだけで充分であり、それ以上に幾つもの椅子に同時に腰かけることは不可能です。ところがこの微々たる身体は、無限に広大なものです。人が身体あるものとして生まれてくるためには、両親である父母がいたはずです。さらにその前の世代にあたる両親、父母もいたはずです。こう考えると、無限の過去にさかのぼるわけです。

さらに人が生育し、成長するためには、近親、身近な人びと、先生、先輩、友人などが力を添えたに違いないのです。さらに広げて考えますと、同じ郷里の人びと、同じ国の人びと、いな世界の人びととの意志や努力が、そこに直接または間接的にはたらいたに違いないのです。

それだけではありません。これらすべての人びと、さらに一切の生きとし生けるものは太陽の恩恵を受けて生育し、生活してきました。そう考えると、太陽なるものの影響は、われわれの内に潜在しているのです。さらに太陽系のかなたの諸天体も、われわれと全然無関係であるとは言えないでしょう。だからこそ、いま人間は宇宙探検を試みているわけです。

この道理を具象的に表現した文句として、『華厳経』では「身体の一つの毛穴の中にも無限に大きな宇宙が含まれている」というのです。

宇宙との連関は、すぐ目によって確認することはできません。しかし、よく考えてみると、自分のうちに無限の宇宙が含まれているというのは、厳とした事実です。

見たところでは、限られた身体のような存在であるわれわれの身体は、無限の未来を作り出します。われわれは来年どうなるかということを正確に予知することはできません。明日さえもわからない。しかし明日が、来年が、来るであろうことは疑いもない道理です。現在のわれわれは無限の未来をはらんでいます。未来はわれわれの作り出すものです。

以上の道理を日本人が簡潔に表現した詩の文句があります。

「一人一切人　一切人一人　一行一切行　一切行一行」

これは五字ずつの詩の文句(偈《げ》)ですが、融通念仏宗の開祖・良忍《りょうにん》(一〇七二〜一一三二年)のものです。

良忍上人は平安時代後期の人であり、尾張の国の知多郡富田村に生まれましたが、父は知多一郡の領主で、母は熱田《あつた》神宮の大宮司の女《むすめ》であったといいます。一二歳のときに比叡山に入り、仏教の諸宗派の奥義を究《きわ》めましたが、永久五年五月一四日、四六歳のときに、仏のすがたを念じているとき、阿弥陀仏が示現して、右の文句を授けたといいます。

右の文句の文字通りの意味は、ほぼ次のごとくであるかと考えられます。

人間はどこまでも一人一人の個人から成り立っているが、一個人というものは、他人から切り離された存在ではない。他人との密接な連関の中で生存している。連関という視点から見ると、一個人というものは、実はすべての人びとにほかならない。だから「一人一切人」なのです。また「一切の人」という場合に、つまり、全人類という抽象的な概念が実在するわけではなくて、一人一人の個人として全人類が具現されているわけです。だから「一切人一人」なのです。

また、人間はつねに何らかの行為をしながら生活しているものですが、その個々の行為は、バラバラの、でたらめのものではなくて、そこに一貫した統一があるはずです。そして人間の行為はやはり他人との密接な連関において成立しています。だから、一つの行為がすべての行為に及ぶことになります。だれか一人が一つ間違った、反社会的な行動をすると、すべての人びとが迷惑や損害を被《こうむ》りますから、今日のように高度に発達した社会においては、その意味がなおさら痛切に感ぜられるのです。だから「一行一切行」です。

また、全人類の行動とかいう一つの抽象的な実体性をもった原理が存在するわけではなくて、個々の行為が相互に連関し反応するのですから、だから「一切行一行」であると言えるのでしょう。ここに相互扶助の精神も成立することになるのです。保険数学者の集まりである日本アクチュアリ会のある方が、右の話を大変喜んでくださいました。

融通念仏宗の伝統的解釈によると、この法門を信受するならば、右の道理によって、一遍でも念仏をとなえると、その功徳《くどく》は三千大千世界にあまねくゆきわたり、自他ともに平等に大いなる利益《りやく》を成就するから、その功徳は広大不可思議であるといいます。念仏の功徳はあまねく自他に融通します。だから「融通念仏」というのです。

「念仏」というと、わが国では「南無阿弥陀仏」と口にとなえることだけだと解されていますが、もともと大乗仏教の初期には「仏のすばらしいすがたを心に念《おも》う」ことでした。さらに遡《さかのぼ》って原始仏教では、すがたを思い浮かべることさえもしないで、ただ真理をさとった人(ブッダ)のことを思うことでした。この「真理」にもとづくという立場に立つと、宗教の差も民族の差も超えてしまいます。ここまでくると、良忍上人の教えは、未来に向かって大きな意味をもつでしょう。

人と人とは目に見えぬところで因縁によって結ばれているということは、日本人一般の間に自覚されておりまして、「袖振り合うも他生の縁」という理解がありました。

この理解を、たとえば親鸞は理論化して、次のように言っています。

「一切の有情《うじょう》は世々《せせ》生々《しょうじょう》の父母兄弟なり」(『歎異抄』)と。

「有情」は情という字を使いますが、「こころ」という意味であり、「こころの有る生き物」のことに言及しているのです。無数に多く存在する生き物のうちで、どれだけが心をもっているのか、はっきり限定することは困難ですが、「こころが有る」と認められる限りのものはここに言及されているのです。「世々生々に生まれかわる」ということは、いわゆる輪廻《りんね》の観念を予想しています。

感覚論、つまり感覚で知られるものだけが真理であるという議論は、古代にもありましたが、近代にも有力となりました。また唯物論は物質のみの実在性を主張します。このような見解に立つと、生まれかわるということは認められません。

しかしそれにもかかわらず、生まれかわるということは真実であると思います。今われわれが身体をたもち、衣服を着て歩いているような、こういう姿で生まれかわるのだとは言えないでしょう。

しかし、われわれが生まれてきたのは、まったく不思議であって、目に見えない無数に多くの因果の連鎖の網がはたらいているわけです。それらのうちには科学的に把捉《はそく》されうるものもありますが、把捉できないものもあるでしょう。科学といえども、結局は思考の所産ですから。

さらにわれわれの身体が破壊されてしまうと、われわれをつくり出した因果の網はそこで解体されてしまう。しかしその因果の網をつくり出したもとのものは、われわれの生死にかかわらずはたらいているわけです。

不思議な力にはたらかされ、つくり出されたものであるという点に注視すると、誰もかれも、同じようなものに支配されて、生まれては死ぬのですから、高い立場から見ますならば、皆互いに父母であり、兄弟であります。そう思えば、他の人びとに対して無限の親愛感が起こるわけです。そこまで思いを馳《は》せなければ、なかなか戦争がなくなるということはないでありましょう。

源信僧都《そうず》は、さらに互いに師弟となろう、ということを願っていました。かれは『往生要集』の結びに、次のようにいっています。

「我もし道を得ば、願わくは彼を引摂《いんじょう》せむ。彼もし道を得ば、願わくは我を引摂せよ。乃至《ないし》菩薩まで(さとりを得るに至るまで)互いに師弟とならむ」

「生まれかわって、互いに師弟となろう」とは、驚くべき表現です。

こういう立言は、西洋にはなかったはずです。何となれば、西洋にはほとんど輪廻転生《りんねてんしょう》の観念がなかったからです。

しかし奥深いところにまで心を馳せるならば、互いに父母兄弟となり、互いに師弟となるということは、この世でもできるはずです。

I

経済的行為の意義
――仏教と経済倫理

1　禁欲的精励の精神

ところで、お互いが縁で結ばれているという反省の上に立って、仏教でいう経済倫理が成立するのです。

人間存在をこのようなものだと把捉《はそく》しますならば、経済人というものは、人間生活の一つの側面を抽象して考えたものであるにすぎません。一個の経済人が、実は複雑な種々の側面をもっている。それらの面が複雑に絡《から》み合っていることを理解するならば、個々の経済活動が人間生活全体を利し、助けるものとなるでありましょう。

原始仏教にそもそも経済倫理とよびうるものがあったかどうかということがまず問題となりますが、少なくとも、経典のうちには経済行為に関する倫理的評価あるいは反省が述べられています。原始仏教から始まって、いわゆる小乗仏教に至って完成する煩瑣《はんさ》な教学の体系は、主として出家修行者のために説かれたものですから、そこには「経済倫理」というような項目はありませんでした。しかし、出家修行者の団体を支え、その基盤となっていた信徒たちは、商業・手工業・農業などに従事していた経済人でありました。こういう人びとの経済活動について、原始仏教がどのような倫理を説いたかということは依然として問題になるはずです。

そうして、仏教が過去の東洋の普遍的な宗教であった以上、その経済倫理思想は何らかの意味で過去の社会活動に影響を及ぼしていると考えられるから、この問題は充分に取り上げられる意義のあるものでしょう。当時の在俗信者の経済活動について述べられた見解を、検討してみましょう。

財の獲得

世俗の人に対して説いた経済倫理は、出家修行僧に対して説かれたものとは著しく異なっており、「理法にかなった行ない」をなせ、「非難を受けない行為」をなせ、「悪をはなれ、徳行をゆるがせにせず」「事業が順調にはこぶこと」が尊重されています。

言うまでもないことですが、当時世俗の人びとはまったく享楽の生活の享受をめざしていました。「黄金あり財産ある家は楽しい。ここに飲み、且《か》つ食い、苦労なしに臥《ふ》せよ」(1)（『ジャータカ』）

しかしこの生活態度に対して仏教は、人間の欲望は限りないものであるという事実を直視します。「おかねの雨でも欲はみたされない」(2)。そこで欲望を制するということが重んぜられました。

欲望を制するということは、必ずしも財を軽蔑するということではありません。むしろ財の意義を重んずるがゆえに、自分の欲情にかられて不当に財を浪費することを戒めるのです。財は愛惜してこれを使用しなければなりません。たとえば出家修行僧は托鉢乞食《たくはつこつじき》のための鉢《はち》を大切にし、たといひびが入っても、その接ぎ目が五カ所になったら新しい鉢と代えてもいいが、それまでは用いなければなりません。出家修行僧のまとう糞掃衣《ふんぞうえ》は捨てられた布片を集めて作ったものです。(日本で昔から言う「勿体《もったい》ない」という観念は、実質的にはこういうところへ結びついているようです)

在俗信者の倫理もまた、財を尊重するという思想的立場にもとづいて述べられています。ここに「勿体ない」という観念が生きているわけです。

経済行為に関して在俗信者に説かれていることは、まず簡単にいうと、各個人が、ひたすら各自の業務に精励して、それが結果としておのずから営利を追求することになるということでありました。日本では一般に、仏教は古来、賤財思想の傾向が著しいと考えられていますし、また「財に執着するな」という教えが、実際にすでに原始仏教聖典のうちに説かれていますが、それは出家修行者のために説かれているのであって、在俗信者に対しては、また別の教えがあてがわれています。

原始仏教教団の中核を形成した出家修行者たちは、家族と離れ、財産を捨て去った人びとでありましたが、それは当時、出家修行者の通習に従ったまでにすぎません。一般在俗信者に対しては、むしろ積極的に現世的な財を尊重すべきことを説いています。財の集積ということは、人生の望ましい目的の一つと考えられています。

「もしも人が適当なる処に住んで、高潔な人に親しみつかえ、正しい気持ちをたもち、あらかじめ善を行なったならば、穀物と財宝と栄誉と名声と安楽とは、かれのもとに集まる」(3)(『アングッタラ・ニカーヤ』)

ある場合には、とくに商人に関して、精励による財の蓄積を称賛しています。

「出家修行僧らよ、世に店主あり、午前に熱心に業務を励まず、日中に熱心に業務を励まず、午後に熱心に業務を励まず、出家修行僧らよ、これらの三つの条件を具備している店主は、未だ得ざる財を得ること能《あた》わず、またすでに得たる財を増殖すること能わず。

……

出家修行僧らよ、世に店主あり、午前に熱心に業務を励み、日中に熱心に業務を励み、午後に熱心に業務を励む。出家修行僧らよ、これら三つの条件を具備している店主は、未だ得ざる財を得、またすでに得たる財を増殖することができる」(4)

そこで業務に関する精励《せいれい》を勧め、他方では怠惰を戒めていいます。

寒すぎる、暑すぎる、晩《おそ》すぎる、と言って、

　このように、仕事を放擲《ほうてき》するならば、
　利益は若者から去っていくだろう。
　寒さをも暑さをも、さらに草ほどにも思わないで、
　人としての義務をなす者は、
　幸福を逸することがない。(5)（『ディーガ・ニカーヤ』）

この詩句を説明する文句の中で、こう言われます。

「資産者の子よ、怠惰にふけるならば、実に、これらの六種の過ちが起こるのである。(1)「寒すぎる」といって仕事をなさず、(2)「暑すぎる」といって仕事をなさず、(3)「晩すぎる」といって仕事をなさず、(4)「早すぎる」といって仕事をなさず、(5)「わたくしははなはだしく飢えている」といって仕事をなさず、(6)「わたくしははなはだしく腹がふくれている」といって仕事をなさない。かれはこのようになすべき仕事に多くの口実を設けているので、未だ生じない富は生じないし、すでに生じた富は消滅に向かうのである。資産者の子よ、実にこれら六つの過ちは、怠惰にふけるがゆえに起こるのである」(6)

「寒すぎる」と言って仕事をなさない」ということを、スリランカの仏教学者ブッダゴーサ（五世紀）は説明していいます――「時間が経ってから、人びとが立ち上がって、「さあ、きみ、仕事に行こうよ」と言ったときに、「どうも寒すぎる。まず骨の節々が壊れそうだ。

きみらは行ってくれ。ぼくは後でもわかる(現われる)だろう」と言って、火を焚《た》いて坐っている。それらの人びとは行って仕事をするが、他のひと(かれ)の仕事はすたってしまう」と。(7)

ここでは協同作業における怠惰が非難されているのです。

やや後代の仏典には、一定の財を得るまでは、結婚もしないで精励した商人の回想談がくわしく出ていますが、さらに得た財を保持するということも称賛されています。

「出家修行僧らよ、ここに良家の人あり、財をたもっているが、その財は努力精励によって得られ、臂力《ひりょく》によって積まれ、額に汗して集められ、正しく法にかなって得られたものであるとしよう。それを保護・貯蔵し、「それらの財は王も奪うことなく、火も焼くことなく、水も運び去ることなく、憎らしい相続者も奪うことのないように」と念ずるとしよう。出家修行僧らよ、これが「保護の備わっていること」と名づけられるのである」と。(8)

そうすると、そこで保護が完全に具《そな》わるというわけです。

ジャイナ教では在俗信者が欲望を制限することを教えています。すなわち土地、金、獣畜、財貨、家具に関して一定の制限よりも以上に所有してはならぬというのです。ところが仏教には、このような制限はありませんでした。

消費の制限

さて富の蓄積をはかるためには、他面では消費を能《あた》う限り少なくしなければなりません。そこで具体的な精神態度としては、奢侈《しゃし》享楽にふけらないようにさせて、財の消費を戒めています。

原始仏教では、ふしだらな生活、みだれた生活を非難します。

「(1)太陽が昇ったあとでも寝床にいる。(2)他人の妻になれ近づく。(3)闘争にふける。(4)無益のことに熱中する。(5)悪友と交わる。(6)非常にものおしみして強欲である。こういう六つのことがらは、人を破滅に導く(9)」と。

また、こうも言っています。

「(1)骰子《さい》と女、酒、(2)舞踏と歌、(3)白昼の睡眠、(4)ときならぬに街を遊び歩くこと、(5)悪友〔との交わり〕、(6)ものおしみして強欲なこと――これらの六つのことがらは人を破滅に至らしめる。骰子を遊び、酒を飲み、他人にとっては生命にも等しい妻女に通い、卑しい者と交わり、経験ある人に交わらないならば、黒分(月が欠けてゆく半月)における月のように欠けていく(10)」

散文の部分においては、次の六つについて画一的な説明を述べています。

「人の近づいてはならぬところの、財を散ずる六つの門戸とは何であるか？　(1)酒類など怠惰の原因に熱中することは、実に資産者の子よ、財を散ずる門戸である。(2)時ならぬのに街路を遊歩することに熱中するのは、財を散ずる門戸である。(3)〔祭礼舞踏など〕見せものの集会に熱中するのは、財を散ずる門戸である。(4)賭博《とばく》という遊惰の原因に熱中することは、財を散ずる門戸である。(5)悪友に熱中することは、財を散ずる門戸である。(6)怠惰にふけることは、財を散ずる門戸である[11]」

ここに挙げられた六つの項目について、諸本ではそれぞれ六つずつさらに項目を分けてくわしく説明していますが、その内容はこのように必ずしも一致しません。『六方礼経』には説かれていないので、これは後世の付加でしょう。

「バラモンよ、得た財の出る門が四つある。婦女に惑溺《わくでき》することと、飲酒に惑溺することと、賭博に惑溺することと、悪友、悪い同輩、悪い仲間のあることとである。……バラモンよ、財の入る門が四つある。婦女に惑溺しないことと、飲酒に惑溺しないことと、賭博に惑溺しないことと、善友、善い同輩、善い仲間のあることとである[12]」

そうして、職務に関する精励勤勉の徳を強調し、怠惰におちいることを戒めています。ある場合には、「軽業、競争、歌楽、舞踏にふけり、女に溺れ、酒に耽《ふけ》り、肉に飽くなどのありさま」は人として財を失い貧窮に陥らしめることになるので、これらを斥《しりぞ》けています。

人をして怠惰、なおざりならしめる原因としては幾つかのことがらが考えられますが、もっとも大きなものは飲酒であると説かれています。

飲酒を禁じたということは、原始仏教の世俗的道徳の一つの大きな特徴です。当時バラモン教でもジャイナ教でも、出家修行者のために五戒を立てていました。それは、殺さず、盗まず、婬《いん》せず、虚言をいわず、所有をもたず、ということでした。ところが仏教は、インド一般に共通なこの五戒のうちで、「所有をもたず」ということを省略し、その代わりに「飲酒せず」ということを加えて五戒として、「婬せず」を「不邪婬《ふじゃいん》」に改めて、これらを一般世俗人の守るべき基本的徳目と定めたのでした。(飲酒の禁止の戒律は、後代インドはもちろん、中国や南方アジアの仏教においても厳重に守られていました)

またこう説かれています。

「女に溺れ、酒にひたり、賭博に耽り、得るにしたがって、得たものをもその度ごとに失う人がいる。これは破滅への門である」(13)(『スッタニパータ』)と。

わが国でも、非常に俗な表現ですが、「飲む、打つ、買う」というこの三拍子が、身をもちくずす原因であるとよく言われますが、そっくり同じことが今から二千五百年前に説かれているわけです。

それを裏から見ますと、人間性というものは、何千年たってもそう変わらないということとになりましょう。だからこそ宗教聖典とか古典というものが、機械文明の極度に発達した現代でも依然として意義をもっているわけです。

人間の破滅のすがたを仏典では凄惨《せいさん》に説いている場合が多いのですが、なかなかユーモラスに述べていることもあります。

「酒肉に荒《すさ》み、財を浪費する女、またはかかる男に、家業の実権を託するならば、これは破滅への門である(14)」

昔のことではなく、高度に発達した現代の経済社会でも、いろいろ思い当たるところのある言葉だと思います。とくに、飲んで、いい気になって、仕事を怠けることを戒めています。

「財なく無一物なのに、酒が飲みたくて、酒場に行って飲む呑んだくれは、水に沈むように負債に沈み、すみやかにおのが家門をほろぼすであろう(15)」

「水に沈むように、負債に沈む」と、まさに現代の問題です。これは古人ばかりじゃないということは、いまの経済家がおっしゃるとおりです。

個人の問題としては、「飲み友達と交わるな」という。

「飲み友達なるものがいる。きみよ、きみよ、と呼びかけて親友であると自称する。しかし事が生じたときに味方となってくれる人こそ友なのである(16)」

いざ困ったときに助けてくれる人、それが本当の友である。

「白昼に眠ることを常とし、夜は起きるものと思い、つねに泥酔にふける者は家を確立することができない(17)」

インドばかりでなく、南アジアでは、飲酒が厳禁されていますが、これは多分に風土的事情に由来すると思われます。民衆は貧しいですから、なかなか酒を買うゆとりがない。そこで椰子《やし》の木に登りまして、実を取ってきて、ナイフで傷をつけて発酵《はっこう》させる。それを飲むのですが、精製されていないから、健康によくない。また暑い国でやたらに飲んだら、すっかり体をこわしてしまう。これに対して、北アジア、東アジアの仏教では、いくらかゆるやかになっていますが、しょせんはつとめを怠ることを戒めているのです。

そのほか「財を散ずる門戸」としていろいろなことがあげられています。

「時ならぬのに街路を遊び歩くことに熱中するならば、次の六つの過ちが生ずる。すなわち、(1)かれ自身も護られておらず防御《ぼうぎょ》されていない。(2)かれの子も、妻も、また護られておらず、防御されていない。(3)かれの財産もまた護られておらず、防御されていない(盗賊にねらわれる)。(4)また悪事に関して疑われる。(5)不実の噂がかれに起こる。(6)多くの厄介なことがらがつづいて起こる(18)」

それから、享楽的な娯楽にあまり夢中になってはならない。

「〔祭礼舞踊など〕見せものの集会に熱中するならば、実に次の六つの過ちが起こる。すなわち、「(1)どこに舞踊があるか、(2)どこに歌があるか、(3)どこに音楽があるか、(4)どこに講談があるか、(5)どこに手楽があるか、(6)どこに陶器楽があるか」とたずねる⑲」

こういうことは、財を散ずる門戸であるといって戒められているのです。

「財を蓄積せよ、むだづかいするな」ということの教えと関係がありますが、現代では「内需拡大」ということが叫ばれています。これについて天台座主《ざす》である山田恵諦大僧正は、真向から反対しておられます。内需拡大なんてとんでもない、ということを公の会で言われるんです。その理由はこうです。

内需拡大というのは、つまり贅沢《ぜいたく》をせいと言って勧めることだ。ところが人間というものは、いちど贅沢の癖《くせ》がつくと、なかなか直らないと。だから内需拡大といって、ただ有難いようなお題目を言うのは、これは間違いであるということを公に言っておられます。この点について、どう対処するかということは、皆様方のほうがよくご存じのはずですが、わたくしは贅沢をさせないような形で、あとに残るような仕方で内需拡大をして、後代の子孫が恩恵を受けるようにすれば、いま比叡山の天台座主がおっしゃったような心配は、しないでもすむんじゃないかと思うのです。

インド人は昔から博打《ばくち》が好きでしたが、賭博は厳禁されています。

「賭博という遊惰の原因に熱中するならば、実に六つの過ちが起きる。(1)勝ったならば、相手が敵意を生じ、(2)負けたなら心に悲しみ、(3)現に財産の損失あり、(4)法廷に入ってもかれのことばは信用されず、(5)友人同輩からは軽侮され、(6)婚姻せしめる人からは拒絶されて、賭博漢は妻をもつ資格がないといわれる(20)」

この文において、「婚姻せしめる人」というのは、両親または親権者をいうのでしょう。原始仏典による限り、結婚は親が取り決めたものであり、現代インドにおいてもほとんど同様で変わりはありません。

このような教説から明らかなように、業務を怠るということが、それ自身悪徳なのです。たとえば、聖典は「太陽の昇った後にも寝床にある人」を非難しています。

これはバラモン教で説くことと同じです。家長たる者は「決して昼間に眠ってはならない。また夜の初めまたは終わりに眠ってはならない」(『マハーバーラタ』)といいます。また、女は男を滅ぼすものといって、とくに戒めています。

さらに、争いということも営利活動の妨げになります。

「争論によって貧乏となり、争論によって財産が消滅する。獺《かわうそ》は争論によって敗北した(21)」

これは俗に「金持ち喧嘩せず」という諺《ことわざ》を思い起こさせます。

以上種々の戒めを通じてみると、全体の基調は、世俗人にとっては非常に禁欲的ですが、しかし極端な耐乏生活を強要しているのではなくて、仏教の「中道」思想により、収入と支出との均衡のとれた、当時の社会常識によって適当と思われる生活水準の維持を承認していたようです。

「譬《たと》えば商人、もしくは商人の徒弟があって、秤《はかり》をとって「これだけならば下に傾き、これだけならば上に傾く」と知る。それと同じく、バラモンよ、良家の人びとは財の収入と財の支出とを知って平均のとれた生活をなし、あまりの奢侈に堕《だ》せず、あまりの窮乏に堕せず、「わが収入は支出を引き去ってもなおこのように残るであろう。わが支出は収入を引き去っても、なお余分がないようなことはないであろう」というふうにする。

バラモンよ、もしもこの良家の人が、収入が少ないのに大がかりな生活をするならば、「この良家の人は、まるでウドゥンバラ果を食するように、財を食する」と批評する人があるであろう。バラモンよ、またもしも良家の人が、収入が多いのに貧窮な生活をするならば、「この良家の人は餓死のように死ぬだろう」と批評する人があるであろう。

バラモンよ、しかるに実にこの良家の人は、財の収入と財の支出とを知って釣り合いのとれた生活をなし、あまりの奢侈に堕せず、あまりの窮乏に堕しない[22]」

と言っています。

経済行為における適法性

財を求めるということも、単に意欲だけによって可能なことではありません。それにはそれぞれの職業についての訓練、知識の習得が必要であり、それを経過しなければなりません。「初めに技術を学び、後に財物を求むべし」と。

お金を求めるほうを先にしてはいけない、というわけです。

「「かつて自らなしうべきであったのに、わたくしは技芸を学ばなかった。技術を持たぬ者の生活のみじめなことよ」といって、のちに後悔する」(23)

子にとくに技術を習わせなかった商人の話も伝えられていますが、商人は商人特有の徳に秀でていなければなりません。

「三つの条件を具えた商人は、久しからずしてその財産が巨大となる。その三つとは何か」「それは世に商人が炯眼《けいがん》で、巧みに活動し、基礎確実なことである」

「炯眼である」とは、「世に商人がこの商品がこのようにして買われ、このようにして売られ、価格はこれこれであり、これこれの利益があるであろう、と商品を知ることである」

「基礎確実である」とは、「世に商人あり、富んで大財産あり、資産者または資産者の子たちがかれをこのように知る――「この商人さんは炯眼で巧みに活動し、妻子を養い、またわれらに適時に供給する能力がある」と。そこでかれらは財貨のことに関して商人を招いていう、「きみ、商人よ、ここから財貨を買って妻子を養い、またわれらに適時供給せよ」と。かくのごとくならば商人は基礎確実である」

「これらの三つの条件を具えた商人は、久しからずして、その財産が巨大となる(24)」ところでそのめざす財の獲得ということも、一定の倫理的規範に従ってなされねばなりません。「財産を集積する」ということは、「自分をも他人をも苦しめないで、正当な法によって財産を増大し、集積をなす(25)」のです。

そこで原始仏教においては厳粛な道徳意識が強く要請されています。「非法によって生きるのと、法によって死ぬのとでは、法にかなった死のほうが、非法にして生きるよりも勝っている(26)」(『テーラ・ガーター』)という固い決心をもっていました。

したがって財宝を得るための「正しい道」としからざるものとをはっきり区別しています。取引に当たっても「不正なる貨幣、不正なる度量衡、不正なる手段」を排斥しています。ところが悪人は「市場に来ても〔公正な〕値をもってする正しい商売を放擲して」ごまかしを行なう(27)。

ジェータ林に住むある修行僧は、裁縫師として知られていました。古いぼろきれを集めて僧衣をつくり、色美しく染めました。他の修行僧が衣をつくってくれといって布をもってくると、布をもらって、ぼろきれでつくった出来合いの衣を引き換えに与えました。これは「欺《あざむ》く」行為であるとして、経典では非難しています(28)。

「誤った手段によって利益を求める人は、滅ぼされる」といって、あるバラモンが財を求めるために呪術《じゅじゅつ》の使用を誤り、その結果盗賊に殺されてしまった物語を伝えています(29)。

「法に違わず」というのが、当時の仏教徒の理想でした。この世の世俗的生活を正しく行なう人を称賛して、こう言います。

「かれは邪《よこしま》な生活を棄て去って、偏らず、清く、正しく生を営んだ(30)」

「身体とことばと心と法にかなった行ないをする人は、この世にあっては称賛せられ、死後には天の世界にて楽しむであろう(31)」(『サンユッタ・ニカーヤ』)

ここで強調されている「法」というのは、必ずしも近代的な意味における法あるいは法律を意味しているのではなく、むしろ宗教的・道徳的な意味のほうが強いかもしれません。しかし、いわゆる「法」あるいは「法律」の観念に近いものも含めていることは、同様に確かです。

正しい宗教に従っているものが、人びとから称賛され社会的信用を得るということは、すでにしばしば指摘したように、原始仏教聖典のうちに度々説かれていることですが、これはまた近代社会、たとえばアメリカにおいても、現実の生活形成の指標となっていることです。アメリカでは、教会に所属しているということが、経済面に関しても一種の身元保証なのであり、ウェーバーはここに、アメリカにおける宗教と資本主義との関連を解く鍵を見出そうとします。原始仏教においても、ここに相似た思想を見出しうるのです。

ただ原始仏教の場合には、信徒の指導を行なっていたにもかかわらず、信徒を教会に分属せしめるという組織を構成しませんでした。だから教会の会員であることをもち出さず、むしろ個人の行為が正しい宗教の規範に導かれているということが、同時に経済面に関しても個人の社会的信用を得る所以《ゆえん》だということを教えているのです。

財の蓄積と活用

バラモン教の倫理は、大ざっぱにいうと、氏族制農村社会のそれであったのですが、仏教およびジャイナ教の倫理は、インド古代社会におけるいわば資本主義的な倫理であるということができましょう。つまり、原始仏教では、家長たるものは、勤勉に生業に従事して、このような禁欲的精励によって、やがて財を集積することを勧めています。

戒めをたもっている賢者は、
〔山頂に〕燃える火のように輝く。
蜂が食物を集めるように働くならば、

〔かれの〕財はおのずから集積する。
あたかも蟻の塚の高められるようなものである。
このように財を集めては、
かれは家族のために実によく利益をもたらす家長となる。
その財を四分すべし。〔そうすれば〕かれは実に朋友を結束する。
四分の一の財をみずから享受すべし。
四分の二の財をもって〔農耕、商業などの〕仕事を営むべし。
また残りの第四分を蓄積すべし。
しからば窮乏の備えとなるであろう。(32)

この意味は恐らく、収入の四分の一は生活のために使ってよいが、全収入の四分の二、すなわち半分は農耕と商業というような生業に用いるべきであるというのでしょう。別々に農耕に四分の一、商業に四分の一を使えと区別して指定しているわけではないでしょう。以上の教説に対して『善生子経』では、さらに補足を加えるようになりました。

「もしも索《もと》めて以《もっ》て財を得ば、つねに四分となすべし。一分もて衣食を供し、二〔分〕を本と為して、利を求め、一〔分〕を蔵して儲躊と為し、厄時に救うべし。農、商、牛を養い羊を畜《か》う業に〔第〕四あり。次に〔第〕五に室を厳《かざ》り治め、第六に娉娶《へいしゅ》すべし」

以上は、純世俗的倫理の立場から補足がなされたのに対して、教団的立場から補足のなされたこともあります。

「一に食して止足を知り、二に業を修して怠ることなかれ。三に先に儲《たくわ》え積みて、以て空乏に擬すべし。四に田を耕し商売し、沢地に牧を置き、五に塔廟を起こすべし。六に僧の房舎を立つ〔べし〕。在家のひとは六業に勤め、善く修して時を失うなかれ[33]」

この最初の詩句においては、結局、利得全体のうちの四分の三を、何らかの意味で生産のために回転活用すべきである、それが家長としての立場である、と説いているのです。この規定はながくアジアの仏教国において、経済の管理に対する指導原理として伝承され、また二宮尊徳の報徳仕法の基礎となっているものも、実はこの四分法であるといいます。

ゆえに原始仏教は営利追求ということを、むしろ積極的に勧めています。ただ、それを享楽的な消費に使ってはならないというのです。ことに隣人が苦しんでいるのに、自分だけが快楽を享受してはならぬということは、原始仏典のうちに繰り返し強調されているところです。

ともかくわれわれはここに、西洋近代の初期における資本主義倫理思想といちじるしく相似たものを見出しうるのです。ゾンバルトによると、資本主義以前の社会においては、人びとは消費のために生産したのですが、資本主義社会においては営利のために生産し、営利のために営利を追求するのであるといいます。もしもかかる仮説に従うならば、すでにこの時代のインドにおいて、ある点では資本主義的な考え方が成立していたといってよいでしょう。ウェーバーは西洋近代初期における「禁欲的節約強制による資本形成」を問題として、次のようにいいます。

「獲得したものを消極的に使用することをさまたげた力は、その——投下資本としての——生産的用途を促進せずにはいなかったのである。この作用がいかに強かったかを、正確に数字によって知ることはいうまでもなく全然不可能である」と。

ところが、すでに原始仏教のこの古い時代において、投下資本の割合が、概数にもせよ、数字をもって明示されていることは、興味深い現象であるといわねばなりません。したがって、原始仏教の説いている職業倫理説は、近代西洋における資本主義の先駆者たちの説いた商業道徳に著しく類似した特徴を示しています。

「人はいかにして財を得るか?」という問いに対して、

「適宜《てきぎ》に事をなし、忍耐づよく努力する者は財を得る。誠実(正直)をつくして名声を得、何ものかを与えて友交を結ぶ(34)」

と答えている。すなわち、正直の徳を守ることによって世人一般の信用を得、それが富を得ることと密接な連関がある、と考えられていたようです。

仏教が正直の徳を強調したということは、商業道徳の一つとも解せられるのですが、そのあらわれの主要なものとして、貸借関係の道徳を強調しています。当時の世人が借金取りに苦しめられていた事実は、原始仏教聖典のうちにしばしば現われていますが、とくに負債は必ず返済しなければならぬ、といいます。

「実際には負債があるのに、返済するように督促されると、「あなたからの負債はない」といって言い逃れる人――かれは実は〈賤人〉である、と知れよ」(35)

仏教では利子禁止という思想は存在しませんでした。負債に対する利子の正当性を承認していました。やや後になると、経典自身が、利子をとるために貸付することを、世俗人に対して積極的に奨励しています。ある場合には収入を四分して、四分の一を「飲食」に用い、四分の一を「田業」にあて、四分の一を貯蔵して万一の場合に備え、四分の一を「耕作〔者や〕商人に給して利息を出す」という。後代になると、仏教教団自身が貸付を行ないました。

当時の商取引には、人間と人間との信頼関係というものが非常に重要な位置を占めていました。『忘恩本生物語』によると、辺地の富商(甲)がサーヴァティーの富商(乙)に向かって、五百輛の車に品物を積んで送り届けたところが、乙はその隊商の人びとを歓待し、宿と金を与え、品物を売り捌《さば》いてその代わりの品物を与えました。ところが、のちに乙が甲に向かっておなじように隊商を送ったところ、甲は乙からの贈り物は受け取っておきながら、「おまえたちは帰れ」といって、追い返し、宿も金も与えてくれませんでした。

その後、甲が乙にもう一度五百輛の車を送りました。すると乙の雇い人たちは、甲からの隊商を歓待しておきながら、夜中に五百輛の車に積んだ品物を奪い去り、かれらの上衣下衣を引き裂き、牛を逃し、車から車輪をはずしてもって行ってしまいました。これについて、仏教の立場からとして、次の詩を説いています。

「先に善いことをしてもらって、利益を受けておきながら、それを覚らない者は、のちに事の起こったときに、処すべきひとを得ないだろう」[36]と。

ここでは乙の傭人が、不当な報復を行なったことを非難しないで、むしろ甲が忘恩であったことを非難しています。一つにはいまのジャータカ(本生物語)の教えが無知無学な傭人の層に向かって説かれたのではなくて、多くの傭人を使っていた企業主の立場の人びとに向かって説かれていたことを示すものでしょう。

共同で商業を営む場合には、利益は当然折半されるべきであると考えていたようです。二人の商人が共同で事業を行なっていた場合に、「利益の三分の二を自分によこせ」といった商人は「邪《よこしま》な商人」と呼ばれています。一人の商人がほかの商人に一定の資金を提供したならば、その資金の額だけは取りもどす権利がある、と考えられていました。

のみならず原始仏教では投機によって巨利を博することを、必ずしも排斥しませんでした。ジャータカの中には、実際に巨大な財産をつくり上げた人のことが記されています。

かれは、五百頭の馬をつれて馬商人が村にやってくるというニュースを得ると、その村の草を買い占めて巨利を博した。また「大船が港に着いた」というニュースを得ると、八カハーバナの金で、一切の装備の整っている車を時間ぎめで借りて、威風堂々と港に乗り込んだ。そうして「船の(品物を売約した?)証拠金として一つの指輪を与え、近い所に天幕を張らせて坐っていた。……」

そのとき、「船が着いた」と聞いて、「ベナレスから百人の商人が品物を手に入れよう」と思ってやってきた。人びとは、「きみたちは、もう品物が得られないよ。すでに某所の大商人が買収する約束をしてしまった」といった。かれらはそれを聞いて、かの商人の所へやってきた。……

かれら百人の商人たちは、各自一千金を出して、かの商人と共に船に入ることができて、さらに各自一千金を出してかれに所有権を棄てさせ、品物を自分たちの所有にした。そこでその商人は二〇万金を得てベナレスへ帰り、かつて財産づくりのきっかけをつくってくれた財官に一〇万金を与えた。その商人は財官に対して「恩を報じなければならない」と思ってそうしたのです。するとその財官は「こんな男を他人の手に渡しては惜しい」といって娘をめあわせる。

右の話を是認するものとして、次の詩がブッダのことばとして引用されています。

　聡明な賢者はわずかの金で
　能く身を起こす――一点の火を吹き起こすように。(37)

たった指輪一つを証拠として、船荷を全部買い占めるとは、実に大胆な投機です。ところで原始仏教ではこういう行動を排斥しないで、むしろ是認称賛して民衆に説いています。第二に注目すべきは経済行為に関してさえも、報恩の観念が示されています。右の話において、この商人はかつて利益のきっかけをつくってくれた財官に対し、築き上げた富の半分を与えています。それはコミッションではありません。過去の恩に対する感謝なのです。

以上に考察したように、原始仏教においては、少なくとも世俗人に対しては、富を軽蔑する思想を説きませんでした。むしろ反対に、前掲の諸例が示すように、富を重視していたのです。

「相応せる富もなく、また善〔福〕もなさない人」は意義のないものであると説きます。(38)

「このような業を修せば、家に損滅なく、財宝は日に滋長することは、海が衆流を呑《の》むがごとくである(39)」

財を六つの目的に使え、ということを言ったあとで、

「家にもし〔この〕六つの事を具すれば、〔苦労〕を増さずして快く楽を得。かれは必ず銭財に饒《ゆたか》にして、海野中に気の流れ〔いる〕がごとし。かれはかくのごとく財を求め、なお蜂が花〔の蜜〕を採るがごとし。ながきあいだ〔長夜〕に銭財を求め、当《まさ》に自ら快楽を受くべし」。(40)

また必ずしも、無限の富の追求を教えているのでもありません。

おのが仕事と広大な富とを注視せよ。望んでいたとしても、何の益をも伴わないことを実行してはならぬ。いつくしみ深き人びとのことばに従え。かかる人びとの車輪はよもや逸脱しないであろう。(41)

といいます。

ところで原始仏教では、富の蓄積ということは、単に人の意欲と努力とだけによって達成されるものではなくて、そこには宗教的な運命の力がはたらくと考えていました。それは過去において良い功徳を積んだことにもとづくといいます。

「幸運のない努力家がどれほど多くの財を集めようとも、幸運に恵まれれば、巧なる者も巧ならぬ者も、ともにそれと同じだけを享受する。

またそのところに適《ふさ》わしからず、またまったく異なった多くの財物も、善業(功徳)をつんだ人には、いたるところに生ずる」[42]

ここでは「神」ということばこそ使っていませんが、何かしらカルヴィニズムを思わせる共通なものがあるといっても、言い過ぎではないでしょう。ただ仏教では、運命的に規定するものを業《ごう》(カルマ)としてとらえるのです。人はいかに努力しても幸運に恵まれない限り、財をなすことはできません。ところでその幸運なるものは現世および前世において善いことを行なった報いとして得られるのです。そこで富の蓄積の倫理は必然的に施与《せよ》の倫理を導き出すに至るのです。これを次に考察することにしましょう。

原始仏教においては、富者に対抗する「貧者の友」という意識はありませんでした。時に貧しきことを誇りとするという態度は認められません。仏教徒は、施与の精神の強調や社会事業の実行などによって、実質的には貧者の友となっていたのであり、心から貧者への奉仕につとめていました。また信徒のうちには、下層階級の出身者も相当に多くいました。それにもかかわらず、富者に対する対抗意識というようなものは、現われておりません。

2　施与の道徳

ところで原始仏教によりますと、努力精励によって富を得ても、自分ひとりで独占していてはならない。他人にも与えなければならない。財を集めるということも、結局はそれによって人びとに福利をわかち与えることをめざすのです。そこで、与えることの道徳が非常に強調されています。これを「ダーナ」(dāna)と言います。施《ほどこ》し与えるということです。旦那さまの「ダンナ」というのもここからきているわけです。それから英語の「ドネーション」(donation)という語も、語源的に同じルートからきています。漢訳の仏典では「布施《ふせ》」と訳しています。

今日では、お布施というとお寺さんに上げるものだけみたいにとられていますが、もとの意味は「布き施す」です。つまり財には固有の徳があるわけです。自分ひとりが持っていたのでは死んでしまう。それを「布き施す」というのです。それで生かすことになるのです。財を得てもひとに与えないでものおしみしてはならない。ものおしみの心をすてて、人びとに施与を行なうべきであるということを強調しています。

仏教の理想としての慈悲の徳は、他の人びとに何ものかを与えるという、この施し与える実践において、とくに具現するのです。施与は最初期の仏教においてくりかえし強調されました。「財を得ては多くの人びとのために恵む人」を称賛しています。「信仰ある人」は、

「その心が慳吝《けんりん》の垢《あか》を離れて家に住み、気前よく施し、その手浄《きよ》く、頒布《はんぷ》を楽しみ、他の人が乞いやすく、財を均分することを楽しむ(43)」。

施与者には功徳が集まります。

施与をなす人は天界に赴《おもむ》く。

そこで望みをかなえて喜ぶ(44)。

とくに、その精神的意義が強調されました。

たとい乏しくとも、信仰心をもって与えるならば、

他人を利するにより、その人は安楽となる(45)。

与える相手

では誰に与えるのでしょうか。

すでにウパニシャッドにおいて「客人を神としてうやまえ」と教えていますが、それは遠くから来た客人に物をゆたかに与えてもてなせ、という意味を含んでいます。またジャイナ教でも従属的な戒律の一つとして、ひろく「客人に物をわかつ」ということが称賛されています。原始仏教もこういう思想を受けて、それを徐々に発展させたのでした。

仏教がまだバラモン教にかこつけて説かれていた場合には、次のように説明しています。

バラモン教では祭祀《さいし》のときに三つの火をともすことが規定となっていますが、仏教によると、それは象徴的意義のあるものにすぎず、実際は次の三種類のものを愛護し養うことであるといいます。パーリ文のある経によると、

第一の火——母または父のことである。

第二の火——子または妻、または奴僕、または召使、または傭人のことである。

第三の火——修行者、バラモンたちである。

これらの人びとを尊び重んじ敬い供養して、そのあとでこれらの火を消すべきである、といいます。(46) これについて、それに相当する漢訳では、かなりくわしく説かれています。

(1)「根本の火」とは「方便(努力)もて財を得、手足もて勤苦《ごんく》して如法に得たるものにより父母を供養し安楽ならしむ。何が故に名づけて根本と為すや。もし善男子にしてかれより生ぜば、いわゆる父母を故に根本と名づく。本を崇《あが》むるを以ての故に、随時に恭敬《くぎょう》して奉事し供養し、施すに安楽を以てす」

父母はわれらを生んでくれた人だから、特別にあがめるのです。

(2)「居家の火」とは「方便(努力)もて財を得、手足もて勤苦して如法に得たるものにより妻、子、宗親、眷属《けんぞく》、僕使、傭〔人〕、客〔人〕に供給し、随時に給与し、恭敬して安らぎを施す。これを〈家の火〉と名づく。何がゆえに〈家の火〉と名づくるや。それ善男子にして

居家に処《お》り、楽しむには同じく楽しみ、苦しまば同じく苦しみ、為作するところに在ってはみなあい順従《したが》うがゆえに〈家〉と名づく。このゆえに、随時に供給し安楽を施与す」

当時の資産家は大家族の生活を営んでいたので、このように説くのです。

(3)「田の火」とは「方便(努力)もて財を得、手足もて勤労して如法に得たるものにより諸の沙門《しゃもん》・婆羅門《ばらもん》に奉事し供養す。善《よ》く能《よ》く貪《とん》と恚《い》と癡《ち》とを調伏したる者なるかくのごとき等の沙門・婆羅門は福田を建立す。〔かれらを〕崇向すること増進せば、楽の分、楽の報あり。未来に天に生ず。これを〈田の火〉と名づく。何ゆえに〈田〉と名づくるや。〔かれらは〕世の福田となり、謂《い》わく(すなわち)応供《おうぐ》と為る。このゆえに〈田〉と名づく。この善男子にして随時に恭敬し奉事し供養せば、〔かれらは〕其(善男子)に安楽を施す[47]」

ここに説かれているのは、広義の身内の人びとと宗教家とを尊重せよということです。漢訳文のほうでは「客人」をも含めていますから、いくらか範囲が広いかもしれませんが、それも「わが家に来り滞在する客人」に限られています。社会一般の人びとを考えてはいません。つまり仏教がバラモン教の文化的圧力のもとにとどまっていた時期には、まだ一般社会に向かっての呼びかけはなされていませんでした。バラモン教の呪縛《じゅばく》を跳ねとばすだけで精一杯だったのでしょう。

しかし仏教も、やがて社会一般に向かって呼びかけるようになりました。

まず貧しい者に対する施与は、とくに称賛されています。「信仰あり経験ある賢者は、消費財を集めて、飲食もて食乞う者をよろこばしめる(48)」「法をもて集め、勤勉によりて富を得しとき、飲食もて食乞う者どもを正しくよろこばしめる(49)」

物語によると、ある大王は民衆に対する父母のような立場に立って、貧乏人や旅行者、旅商人、乞う者どもに偉大な施与を行なったといいます。やや後世の記述によると、ある商人についていいます。「かれ(商主)の父母が死んだ。かれはその財布のすべてを困窮せる者、孤独なる者、貧窮なる者に与えて、これによって貧しき者どもを貧しからざる者となして、長老大カーティヤーヤナのいるところに赴いた」。そうして出家しました(50)。

またとくに、出家修行者に対する施与が、宗教的功徳をもたらすものだと考えられていました。とくに修行者または聖者に施与するならば、大なる果報をもたらすといいます。

仏教教団が、他の宗教から区別されたものとして、確立していなかった最初の時期においては、真実の修行者に施与することが勧められ、施与するに当たっては、「あらゆる場合に心を浄《きよ》からしめよ(51)」といいます。

星運もよし、幸もよし、昼もよし、また覚めてよし。
刹那《せつな》も善くて須臾《しゅゆ》もよし。清浄行者に献供《けんく》せり(52)。

ここでは表現も著しくバラモン教的です。

バラモン教では神々を祭り、祭火に供物を投ずるのがきまりでした。しかしそれは真実の供物ではありません。真実の「供物」とは徳行の高い修行者に飲食物を与えることです。ここではバラモン教の「供物」という語を用いながら、その内容を改めてしまったのです。「百年の間、月々千回ずつ祭祀を営むよりも、自己を修養した人を一瞬間でも供養する人のほうがすぐれている(53)」といいます。

とくに戒律をたもっている行者に施与することを称賛します。ある王がこういいます。「わが施与したものを性の悪い貪欲な奴らが貪《むさぼ》っている。それはわたくしには有難くない(54)」。ある場合には、貧民や旅人に施与することも並べてほめたたえています。

かれらに施与すると功徳を生ずるので、かれらは「福田《ふくでん》」であると呼ぶのが、仏教ではその後通例となっています。仏教以前にはジャイナ教が「生まれと明知を具《そな》えたバラモンに施すと、種々の功徳(福)を生ずるから、かれらは(福)田である(55)」と説いていましたが、それを受けているのです。教団は「福田」であると考えられました。すなわち、それに施与の種子をまけば、後に福徳を生ずる田であるということです。

修行僧に対する施与と教団に対する施与とは、明確に区別されずに勧められています。「かれらは幸せな人(ブッダ)の弟子であり、施与をうけるべきである。かれらに施したものは大なる果報をもたらす。この勝《すぐ》れた宝はつどいのうえにある。この真理によって幸せであれ[56]」

また教団に対する施与が強調されました。そうして教団がある程度確立したときには、仏と法と教団との三宝に対する施与を尊重するようになりました。三宝に対する布施を行なったならば、寿命、容色、名誉、名声、安楽、力を増す[57]、といいます。これはジャイナ教でも説いていることですが、仏教でも同様のことをいうようになったのです。

与える物と与える人

その際に与えるところのものは、物質的な財でもいいし、また労力による奉仕などでもいいのです。人びとにものを与える人は、人びとから愛される。もともと人は富が多い場合はとかく欲楽に耽り、あやまちやすいものです。

「おびただしい富あり、黄金あり、食物ある人が、ただひとり美味を食するならば、これは破滅の門である[58]」

ある物語によると、施与などの善業を行なわなかったために、富商が地獄におちたといいます。まして他人の家に行って饗応《きょうおう》された人が、来た客に返礼しないことはよくありません。客人に対するもてなしが一般に称賛されています。

だから人にものを与えなければなりません。「最上の人」とは「法に従って得たる富を

〔散ずること〕によって、努力精励して得たるものを〔人に〕与う。かれは最上の思惟あり。疑なき人なり。幸ある場所に赴きそこに行きては憂いなし(59)」といいます。

ともかく財は宗教的な目的のために用いられねばなりません。

「財物は受用せられ、われに災あるときに、傭人と奴僕とに散ぜられた。上方に進む布施が与えられた、また五つの献供《けんく》もなされた。戒めをたもち自制している清浄行者が近づいてきた。家に住む賢者がそのために財を求めたところのその目的を、われは達成した、なしとげた、もはや悔いることなし。

人がこのことを思いつづけて、すぐれた理法に安住したならば、この世において世人はかれを称賛し、死後には天の世界で楽しむ(60)」

均分に伴う諸問題

施与するにあたっては、万人に与えること、すなわち均分が尊ばれています。均分は大なる果報をもたらすものであり、「清き心もて吝嗇《りんしょく》の汚れを払えかし(61)」といいます。「均分は最上の施与である(62)」。全然施与しないひとは下劣な人であり、またある人びとには与えるが、ある人びとには与えないというひとも不十分です。

「すべての者に同情し、豊かに食を恵むので知られた人は、悦《よろこ》びつつ散じ、「与えよ。与えよ」という(63)」

しかし万人に施与するということを強調するといっても、ただでたらめに誰にでも与えよというのではありません。

「財を出すに吝に至らざれ、前にいる人を撰択《せんちゃく》すべし。欺誑舩突《ぎおうていとつ》なるものには、むしろ乞うとも、ことごとくは与えざれ(64)」

「財を出して遠からしむることなかれ。また普漫せしむることなかれ。財を兇謀および豪強なるものに与うるべからず(65)」

すなわちここでは二つのことが目指されています。まず第一に、やたらに人びとに物を与えるのであってはならないと。誰にでも物を与えるということは、結局、誰にも物を与えないということになります。それから第二に、暴力を用いたり、脅したりして物を奪い取ろうとする人に物を与えてはならない。脅迫に屈してはならない。

「与えてはならぬ人びとに財を与え、与えるべき人びとに財を与えないならば、不幸に臨み、災難に陥っても朋友を得られないであろう。

与えてはならぬ人びとに財を与え、与えるべき人びとに財を与えるならば、不幸に臨み、災難に陥っても朋友を得るであろう。

協和と親睦と、とくにそれを示すことは、道賤《いや》しく偽りある人びとの間では効がない。貴く直き人びとに対してしたことは、たとい微《わず》かであっても、大なる果報をもたらす(66)」

こういうわけで施与を大規模に実行するための組織的施設が設立されていました。クル国のインダパッタ城の王は、「都市の四門と市の中央と王宮の入口とに、合わせて六つの〈施しの会堂〉をつくらせて、毎日六〇万の財を投げ出し、全インドに仕事の手を休ませるほどの施しをした(67)」

八億の富を有するヴィサイハという富商が、施与を喜び「都市の四方の門と都市の中央と自分の家の門と、この六つの場所に〈施しの会堂〉を設けて施しを行なった。毎日六〇万金が出ていった。食事といえば、かれも乞食も同じものであった(68)」。また、あるバラモンが同様のことを行ない、とくに貧困者と旅人に施与を行ないました。

ところで万人に与えるということになると、多くのインド人が行なうように出家者にだけ与えるということは偏っています。ある場合には、道の人(沙門《しゃもん》)とバラモンと貧しい人びとと旅人とに、飯と飲料と食物とを均分することを称賛しています。道の人とバラモンと食を乞う者とに食を与える人は、死後天の世界に赴くが、これに反して嘲《あざけ》り罵《ののし》り食を与えぬ人は、死後恐ろしい地獄に赴くといいます。もしも必要とあれば、生命を与えることさえも称賛されています。

さて、与えるものが豊かであるときには、万人にひろく与えることができますが、物が限られているときにはどうしたらよいのでしょうか。のちの経典では、下人下僕に与えるよりも、道の人すなわち出家修行者に与えたほうがよい、といいます。ある場合には詩句において、出家修行僧にのみ与えることを強調し、散文の付加文では五つの施しを説いています。すなわち、

「適時になすべき五つの施しがある。(1)来る人に与える。(2)去るひとに与える。(3)病人に与える。(4)飢饉のときに与える。(5)新しい穀物、新しい果物を、まず第一に戒めをたもっている人びと(出家僧)に供える[69]」、つまり、世俗人一般の中で困窮している人びとを対象としながら、なお出家の僧侶を優先的に扱っているのです。

ここには教団意識が露骨に表われていると思って、近代人はこういう主張に対して嫌悪反発を感ずるかもしれません。しかしここで後代の大教団の僧侶を連想してはなりません。当時の宗教者は貧しい簡素な生活をおくりながら、しかも戒律を守っていたのですから、当時の世人はこういう主張をすなおに受け入れたことでしょう。

また、ただ施与するといっても、物を与えるだけでよいというものでもありません。戒めをたもっている人が、同様に戒めをたもっている人に与えるのが理想的な形態です。

(1) 戒めをたもっている人が、たちの悪い人びとに与えるならば、かれは正しく施与し

て心喜ぶ――〔施与という〕行為が広大な果報を生ずることを信じているから。

このような施与は施与者に関して清浄となる。

(2) たちの悪い人が、戒めをたもっている人びとに与えるならば、かれは不正に施与して、心が喜ばない

〔施与という〕行為が広大な果報を生ずることを信じていないから。

このような施与は、受者に関して清浄となる。

(3) たちの悪い人が、たちの悪い人びとに与えるならば、かれは不正に施与して、心が喜ばない――〔施与という〕行為が広大な果報を生ずることを信じていないから。

このような施与は〔施与者と受者との〕両者に関して清浄とはならない。

(4) 戒めをたもっている人が、戒めをたもっている人びとに与えるならば、かれは正しく施与して、心喜ぶ――

〔施与という〕行為が広大な果報を生ずることを信じているから。

このような施与は広大な果報がある、とわれは説く。

(5) 貪欲を離れた人が、貪欲を離れた人びとに施与するならば、かれは正しく施与して、心喜ぶ――

〔施与という〕行為が広大な果報を生ずることを信じているから。

このような施与は実に広大な財産である、とわれは説く。[70]（『マッジマ・ニカーヤ』）

これらの詩句に対する散文の説明では、四種の施与の様相があるといって、第五を省いています。理論的につきつめて考えると、第四と第五とは同じことになると考えていたのでしょう。

施与の強調についても、歴史的発展の経過を認めることができます。『テーラ・ガーター（長老の詩）』『テーリー・ガーター（長老尼の詩）』には、布施を称賛する思想はほとんど現われていません。また『スッタニパータ』にもほとんど現われません。『相応部』第一篇に現われる施与の思想は非常に精神的です。しかるに後世の経典ほど、物質的な施与を世俗人に向かって称賛しています。

これは恐らく、マウリヤ王朝以後教団の拡張と共に、在俗信者の財的援助を必要とするに至ったからでしょう。また最初期の経典（『スッタニパータ』や『相応部』第一篇）では、まだ仏教教団が確立していなかったので、まじめな宗教者一般に対する施与を説いているのに対して、のちの経典では、特定の宗教教団としての仏教教団（サンガ）に対する施与を勧めています。

貧女の一灯

ひとに何ものかを与える、施与するということは、必ずしも余裕のある人、富める人びとのみの行ないうることではありません。それはひとえに各個人の心もちのいかんによることです。

「ある人びとは乏しき中から与え、ある人びとは富みても与うことをなさず(71)」

「貧しくても施す人びともある。富んでいても与えるのを欲しない人びともある。貧しい中から与えた施与は、その倍に当たる(72)」

貧しい人でも、施与を行なわねばならないと。

「蓄えが少しであれば少量を、中程度であれば中量を、多くあれば多量を与えよ。与えないということはあってはならない(73)」

だからこそ「貧女の一灯」ということが称えられているわけです(74)。

いや、人を助ける、人に尽くすということは、それだけの力のある人でなければできないのではないかという疑問が起こるわけですが、仏教では力のない人、財のない人でも他人を助け、他人に尽くすことができるということをいうのです。その代表的なよく知られている教えが「無財の七施」という教えです。それが『雑宝蔵経』第六巻に説かれていますが、そのうち要点を現代語に訳して紹介しましょう。

「仏説きたもうに、七種の施しあり。〔それによらば〕財物を損ぜずして、大いなる果報を得む」

「第一には〈眼《まなこ》の施し〉(眼施《げんせ》)と名づける。つねに相手を好み愛するまなざしを以て他人を視て、にくむ眼を以て視ることをしない」

「第二には〈和《やわ》らいだ顔をして悦《よろこ》んだ色(かおつき)を施す〉(和顔悦色施《わげんえつじきせ》)のである。いやなかおつきで、しかめつらをしないで、にこやかな顔つきを他人に示す」

「第三には〈ことばの施し〉(言辞施《ごんじせ》)である。やさしいことばを発し、あらあらしいことばを発しないことである」

「第四には〈身による施し〉(身施《しんせ》)と名づける。他人に対して身を以て尊敬の態度を示すことである」

口先だけではいけないわけです。

「第五には〈心による施し〉(心施)である。最上のことがらによって他人をもてなしても、心が和らぎ善であるのでなければ、真の奉仕にはならない。善い心を以て他人と和らぎ、善いことをしようと努めるのである」

心の中が浄《きよ》らかかどうかを、仏教ではとくに問題とします。

「第六には〈ベッドや座席による施し〉(床座施《しょうざせ》)である。これは、他人のために、座席を設けて坐らせることである」

現代の場面にあてはめるならば、電車の中で座席を譲ることなどは、これに相当すると言えるでしょう。

「第七には〈住居の施し〉(房舎施《ぼうしゃせ》)である。自分のところへ来た他人を家の中に自由に出入りさせ、泊まらせることである」

原典では、父母、師、修行者、バラモンに対して、物質的に寄進をする余裕のない人でも、こういう態度を示せば、大きな寄進をしたことになる、と説いているのですが、拡張解釈をすれば、社会の人びとすべてに対してなしうることであり、またなすべきであると言えましょう。

これだけのことでしたら、たとえ財をもたないひとでも実行できます。何らかの身体的障害のために大がかりな活動のできない人びと、病気で療養している人びとでも、こういう心がけをもって他人に接するならば、世の中を明るく楽しくすることができます。感謝の心をもってするならば、動ぜずして坐したままで世のなかに尽くすことができます。願わしいのは、精神的な心がけです。要約していうならば、貧しいなかからわかち与えるということは、不滅の宗教的意義があるということになります。

「曠野《こうや》の旅の道づれのように、乏しきなかからわかち与える人びとは、死せるものの間

にあっても滅びない。これは永遠のことわりである」(75)

人生はさびしい旅路のようなものである。お互いに助け合って進もうではないか、というのです。旅は楽しいものであり、旅情のなつかしさは、人を惹《ひ》きつけ、心をなごませるものです。ふと旅に出たいという心にひかれるのは、人の心の常でしょう。

しかし、それは美しい自然に恵まれ、温かい人情になごみ、安全な生活を保証されている日本人の考えることであって、大陸の旅は実に荒漠としています。

インドやパキスタンの大部分の土地は、樹木に恵まれず、ポツンポツンと孤立した樹木がところどころに見えるだけで、多くは一面の荒れ野です。シルクロードといえばロマンチックに聞こえますが、実際は、樹木さえも見られぬ荒れた砂地が無限に続いているだけです。こういう所を旅すると、人は自然からも、人間からも捨て去られた孤影を意識するだけです。そういうすさまじい自然に抗してまでも、昔の巡礼者や商人はなお旅をしました。圧倒的に残酷な自然も、ついにかれらを圧殺することができなかったところの、内なる強靭なる使命感がかれらを動かしていたのです。

文明の進歩した今日においては、曠野の旅というのは、過去の物語であると言えるかもしれません。

しかし虚飾を去って、自分の内を見つめてみよう。いかに財富あり権勢ある人でも、実は曠野のなかを一人寂しく旅をしているようなものではないでしょうか。

人生には、いつどのような災難が襲ってくるのか、だれもわかりません。人間個人は限られた存在ですが、襲いくるかもしれない災難は無限に多様であり、無限大の強悪《ごうあく》な力をもっています。孤独というよりも、暗い力に包まれています。われわれは、内なる可能性の視点から見ると、つねに死に襲われているのです。

考えてみれば、人生は荒れ野の旅路のようなものです。いつ危難に襲われるかわかりません。「旅は道連れ、世は情け」といいます。ながいながい曠野の旅において人をはぐくみ、人を力づけてくれるものは「人の心」です。乏しい中からわかち合って互いに助けていこうではないか、という精神です。

「死せるものどものあいだにあって滅びず」というのは、パーリ語で書かれた古代の解説によると――死んだ人びとは、いくら多くの飲食物や財産などを所有していたとしても、もはや「これは、あの人にあげよう」「これは、この人にあげよう」といってわかち与えることができないように、吝嗇な人びとは、わかち与えることをしないから、死人と同じだ、というのです。

わかち与えることのできるものは、無限に多い。財産を与えるのは「財施《ざいせ》」であり、知識や教えを授けるのは「法施《ほうせ》」です。何ももたない人でも快く人に会い、笑顔をもって語ることによって、「和顔愛語」の喜びを与えることもできます。

このような施与を行なう人は、「妻を養う人」であるといわれていますから、在家の信徒だったのです。夫妻共に恵み深く、もの惜しみの心を去れ。こういう人こそ真の知慧をもった人であると教えています。

結局、原始仏教の説くところによると、富を得たならば、ただ蓄積しておくことは無意義です。自分も用い、他人にも用いさせ、有効に利用しなければなりません。要するに、なすべきことをなすのでなければなりません。もしそうするならば、その人は天の世界に赴くといいます。施与によって来世に安楽が得られるともいいます。一般的に言うならば、「与える人には功徳が増大す」(76)といい、施与を行なったならば、「自己に関しても大いなる果報あり」(77)といいます。すなわち世俗的道徳に宗教的意義を認めていたのです。

この「施し与える」とか「助ける」ということは、単に限られた個別的な場面で実現されるというにとどまらず、広域国家にわたって、さらに理想的には全世界の範囲にわたってなされねばなりません。

シャーンティ・デーヴァ(寂天)という七世紀頃の仏教思想家がこういうことを言っています。

「もしも〈施し与える〉ということの完全な徳が、過去に世間の人びとを貧困でないものとしても、今日また世間の人びとが貧困であるならば、過去の仏たちのその徳はいったいどういうことになっているであろうか」(78)(『さとりへの実践入門』)

これは原文の直訳ですから、ちょっとわかりにくいかと思いますが、つまり、この世で苦しみ悩んでいる人が一人でもいるならば、仏さまの徳はまだ完全とはなっていないのだ。われわれが悩んでいる人びとを助けるということのうちに、仏の完全な徳が実現されるといっているのです。

わが国には昔から互いに助け合う精神がはたらき、人びとの間に共同体的意識が強かったので、たとい相互扶助が制度化されていなくても、おのずから事がうまく運び、失業率が先進諸国に比して少ないのは、そのためだ、とわたくしは考えていました。

ところが、私はドキンと胸を衝かれるようなことがあったのです。それは、ある国際学会で、韓国の学者が来まして、日本人の社会のあり方について痛烈な批判をしたのです。

つまり、日本には自殺とか一家心中ということが、新聞にしょっちゅう出ます。ところが韓国にはほとんどないというのです。人間が自殺するのは、よほど行き詰まったからです。貧困か否かということは、これは相対的な問題ですが、死は絶対的な重みをもちます。韓国には自殺のケースがほとんどないのに、物質文明が栄えている日本に多いのはなぜでありましょうか。

ことに一家心中という悲惨なことが、日本ではまだ後を絶たない。ところが韓国ではまず絶無だというのです。なぜか。そのわけは、そんな悲惨なことが起きる前に、親戚か地域共同体か、あるいはなんらかのグループが救いの手を差しのべるというのです。ところが飽食の日本では、表面的には豊かであるにもかかわらず、心の通った援助が充分になされてない。どうにもならなくなるから一家心中をする。

考えてみますと、敗戦後の日本は、親族の連帯感をつぶしてしまったと思います。地域共同体は著しく弱体化しました。宗教的コミュニティの活動に対して、政府は他の自由諸国に比べてみると、むしろ敵対的です。だから何に頼っていいか、人びとは迷っています。では福祉施設を作ったらよいではないか、と言われますけれど、ただ大きな建物を建てて、ハンコや行政を増やしただけでは、心が通っていないのではないでしょうか。いくら巨大な立派な建物を建てても、またいくら法律を整えても、それだけでは人びとの心の空《くう》隙《げき》、寂しさ、虚無感は救われません。

人びとを自殺に追いやるようなことがないように、われわれは温かな心の通った共同体をつくろうではありませんか。それはいくつあってもいいと思います。予算や工事はあとの問題であり、まず歩みだすことが必要でしょう。

三輪清浄の心がまえ

仏教では、とくに人びとに何ものかを与えるというときの精神的意義を強調します。

「与える前はこころ楽しく、与えつつあるときには心を清浄ならしめ、与えおわっては、こころ喜ばし」[79]

「法にかなって得た富を与えつつ、心清浄ならしめる」[80]

結局の趣意は、人は清らかな心で他人を助けるのでなければいけない。

「求道者はものにとらわれて施しをしてはならない。なにかにとらわれて施しをしてはならない」[81](『金剛経』)

総じて道を求める人は、何ものかにとらわれて実践するのであってはなりません。とどこおることとなくして道を求めるのです。漢語の『金剛経』では「応無所住而生其心《おうむしょじゅうにしょうごしん》」(まさに住するところなくしてその心を生ずべし)といいます。

他人に対して奉仕する場合には、「三輪清浄《さんりんしょうじょう》」の心がまえがなければならないということが説かれています。

三つの輪が清らかである。この三輪というのは、物を与え、奉仕する主体、それからその奉仕を受ける相手の人、それからその奉仕を与える手段となる物、施物です。この三つが清らかでなければいけません。滞《とどこお》りがあってはなりません。もしも「おれがあいつにこのことをしてやったのだ」とそういう思いがあるならば、そこには「おれ」と「あの人」と「このもの」という、この三つが滞っていて、こだわりがあります。それは清らかな慈悲心から出たものではありません。

人に物を与え、奉仕する場合には、いかなるものであってもよい。世俗の人びとが、人に財を与えると「財施」になります。また法師が人びとに教えを説くときには「法施」となります。現代の世の中では、労力による奉仕などはとくに尊ばるべきでしょう。いずれにしても清らかなすがすがしい心持ちで、与え、また受けるのです。

その境地は闊達《かったつ》自在であって、すがすがしいものです。空飛ぶ鳥が自在に飛んでいくが、あとに何らの汚れを残さないようなものです。

「能施と所施と施物とは、三世のうちにおいて無所得なり。われらは最勝の心に安住し、一切十方のこころを供養す」[82]

「無所得」とは、その本体が得られない、知覚されない、すなわち空ということです。そうしてこういう心で仏を供養することは、また人びとを供養することです。

三輪清浄というのは、必ず施すことだけに限ることではありません。他のことについても、主体と客体と中間の媒介となるものに関して言うことができます。たとえば、修行者が「おれは戒律をたもっているのだ」と思い上がると、もう汚れてしまいます。そういう思いなしに、しかも戒律を実践することが必要です。

「一に能く持戒の衆生《しゆじよう》なることを取らず(執着しない)、二に修行する所のことに著せず。三に戒法に住せず(83)」というのが「三輪清浄観」です。

現実に生きて動いている人間は、なかなかこういう境地には達しえないのかもしれません。しかし、心の中でその境地を思い浮かべてみるだけでも心がすっきりとして、雑念が払われるのではないでしょうか。

3 財の意義

つぎに、仏教徒にとって、財は何ゆえに追求されるべきものであるか、財の効用、意義如何《いかん》、ということが問題になります。手足を労し努力して、正しい方法によって財を獲得するということはよいことです。それによって第一に、父母に孝養を尽くして安楽たらしめることができます。第二に、祭祀、親族、使用人、客人に対しても、適宜《てきぎ》ものを与えて安楽ならしめることができます。第三に、聖者たち(バラモン、道の人)を尊敬し供養することができます。(84)さらに他のくわしい説明によると、財産の意義について、経典のうちにあちこち散説していたことがらをまとめて、「財産を獲得すべき理由」を次のように五つにまとめて説いています。

実に、資産者よ。財産を獲得すべき理由は次の五つである。その五つとは何であるか？　この世ですぐれた信徒は、努力精励し、汗を流し、腕の力によって正しく財を集め、法にかなって得たその財を以て、

(1)　自分を楽しましめ、豊かにならしめ、正しく幸福をまもる。父母を楽しましめ、豊かならしめ、正しくその幸福をまもる。妻子や奴僕や使用人を楽しましめ、豊かならしめ、正しくその幸福をまもる。これが財産を獲得すべき第一の理由である。

(2)　また〔その財を以て〕友人や知己を楽しましめ、豊かならしめ、正しくその幸福をまもる。これが財産を獲得すべき第二の理由である。

(3)　また〔その財を以て〕火、水、国王、盗賊、好ましからぬ相続者からのあらゆる災害のあるとき、財によって防御していて、自分を無事安全ならしめる。これが財産を獲得すべき第三の理由である。

(4)　また〔その財を以て〕五つの献供《けんく》をなす。すなわち〔財を以て〕親族への献供と、客人への献供と、亡き祖先への献供と、国王への献供と、神々への献供とをなす。これが財産を獲得すべき第四の理由である。

(5)　また〔その財を以て〕修行者、バラモンが驕《おご》り怠惰を離れ、忍びやわらぎに安住し、

自己を一つのものとして調《ととの》え、自己を一つのものとして静かならしめ、自己を一つのものとして安泰ならしめるならば、このようなあらゆる修行者、バラモンに対して高きに進み天国に生まれ、楽の果報あり天国の妙を招く施物を捧げる。これが財産を獲得すべき第五の理由である。(85)

ここでは財産の利他的社会的効用がかなり強く表明されていますが、さらに自分自身の問題としても、財産をもつというのは楽しいことであるとして、その感懐が述べられています。

借金のない楽しみを知って、財産があるという楽しみを想い起こせ。
人は財産の楽しみを享受して、また知慧もて観ずる。
智者は両方の楽しみを観て、知る——これは罪なきことの楽しみの一六分の一にも及ばない、と。

この詩句においては、道徳的に罪のないことの楽しみのほうが、世俗的な財産の楽しみとは比べものにならないほど高級なものである、ということを説いているのですが、散文の解説の部分になると、ただ次のように並列しているだけです。

「これらの四つの楽しみは、愛欲を享楽する在家の人が、時にふれ機会に応じて味わうものである。その四つとは何であるか？　それは、財産所有の楽しみと、享受の楽しみと、借金のない楽しみと、罪なきこととの楽しみである。

(1)　この世で、努力精励し、汗を流し、腕の力によって正しく財を集め、法にかなって得た財が、良家の子に存することになったとしよう。そこでかれは、「努力精励し、汗を流し、腕の力によって正しく財を集め、法にかなって得た財産をわたくしはもっている」と思って楽しみ味わい、喜びを味わう。これを〈所有の楽しみ〉という。

(2)　この世で、努力精励し、汗を流し、腕の力によって正しく財を集め、法にかなって得た財産を以て楽しみを享受し、善いことをしたとしよう。そこでかれは「わたくしは努力精励し、汗を流し、腕の力によって正しく財を集め、法にかなって得た財産を以て楽しみを享受し、善いことをしている」と思って、楽しみを味わい、喜びを味わう。これを〈享受の楽しみ〉という。

(3)　この世で、良家の子が、何人《なんぴと》にも多くも少なくも少しも借りていないとしよう。そこでかれは「わたくしは何人《なんぴと》にも多くも少なくも少しも借りていない」と思って、楽しみを味わい、喜びを味わう。これを〈借金のない楽しみ〉という。

(4)　この世ですぐれた信徒が罪のない身体の行ない、ことばの行ない、心の行ないを身に具現しているとしよう。かれは「わたくしは罪のない身体の行ない、ことばの行ない、心の行ないを身に具現している」と思って楽しみを味わい、喜びを味わう。これを〈罪なきことの楽しみ〉という」[86]

このように並列されていますが、しかし、(1)〜(3)は純世俗的な楽しみですから、「良家の子」すなわち資産家の経験することであり、(4)は「すぐれた信徒」すなわち宗教信仰をもっている人の経験することである、として区別しているのです。そうして財産のうちでも世俗的な財産よりも精神的な財産を尊んでいるのです。

こういうわけで、仏教は財を絶対視していたのではありません(この点は唯物的な近代人とは異なります)。財を獲得すべきことを強調している反面では、財がいつかは消えてなくなるものであるということも、併せて説いています。無常説の立場からは当然の結論でしょう。

ところで、財はこのようにわれわれにとって有用なものですが、われわれがとくに尊重すべきは財そのものではなく、財を求める意志的努力です。仏教徒たるものは、「財が減じたときには「ああ、財を取得する原因をわたくしはすべて実践した。しかるにわたくしの財は減じた」といって、悔いることがない。また財が増すと、「ああ、財を取得する原因をわたくしはすべて実践した。そうして、わたくしの財は増した」といって悔いることがない。二つながら悔いることがない」[87]だから友人が財を失ったからとて、軽蔑してはなりません。仏教倫理は最初から、結果論よりもむしろ動機論の立場に立っていましたから、その立場にもとづく限り、これも当然の立場でしょう。したがって仏教においては財を尊重しながらも、しかもそれに対する執着を離れることを説くのです。在俗信者であっても、財に対する執着を離れることが、他のもろもろの徳の根本となるのです。

「マハーナーマンよ、聖なる弟子は自己の捨て与えることを心の中に思っていう。「ああ、われに利がある、ああ、われに善《よ》く得たものがある。われは慳吝《けんりん》の垢《あか》に纏《まと》われた衆の中にあって、慳吝の垢を離れた心もて家に住み、気前よく施し、その手浄《きよ》く、頒布を楽しみ、他の人が乞いやすく、財を均分することを楽しむ」と。

聖なる弟子が捨て与えることを心の中に思うとき、かれの心は貪欲に纏われず、かれの心は瞋恚《しんに》に纏われず、かれの心は迷いに纏われず、かれの心はそのとき捨て与えることによって真直である。

心の真直な気高き弟子は義についての熱意を得、法についての熱意を得、法によってひき起こされた嬉しさを得、嬉しくなったときに喜びが生じ、心の喜んだときに身体が軽やかになり、身体が軽やかになった人は安楽を感受し、安らかとなった人は安楽を感受し、安楽となった人の心は統一される(88)」

そこで以上に説かれていることを要約すると、原始仏教聖典のうちで次の句がその要点を示してくれているでしょう。

「ここである人は諸《もろもろ》の欲望を享受するのではあるが、(1)法により暴力を用いないで財を求める。(2)法により暴力を用いないで財を求めて、自己を安楽にし、強め、(3)配分した福をつくる。(4)またこれらの財を貪《むさぼ》らず迷わず、罪に堕《だ》しない。〔これらのものについて〕患《わずら》いを見て出離の知慧を得て愛用する(89)」

だから財は究極においては、宗教的な目的を達成するための手段であると考えられていました。

「セーナカは尋ねた。「そもそも男はどこに依りどころを見出すべきでありますか?」「真実のうちに、であります」「真実に安住してから何をなすべきでありますか?」「財産をつくるべきであります」「財産をつくってのち何をなすべきでありますか?」「聖典を学ぶべきであります(90)」」

現世において幸運を享受し、来世においては天に生まれるところができるともいいます。

「戒を具えた信仰ある人」は「寿命と名誉と容色と安楽と財宝とに富み栄え、死んだならば天に楽しむ」と。

4　生産の問題

出家修行者は生産を放棄するというので、すでに当時の人びとから非難されていましたが、しかし原始仏教では、修行者が生産にあずからないことを悪とは考えていませんでした。南アジアの諸国において僧侶の数が多く、彼らが生産から遊離していることが、今日でも他の諸国から非難されています。これは近代的建設を遅らせる原因となっているというのです。しかしこれらの諸国で、このような習俗が多年にわたって維持されたということには、それだけの社会的理由もあったようです。南アジア諸国では出家して仏教僧となることは極めて容易であり、また還俗《げんぞく》することも容易です。人は一生に一度は仏門に帰して、出家者となるべきであるとされているほどです。

それは他面、経済的観点から見ると、失業問題の救済策にもなっています。世俗にいる必要のない人が仏門にはいっておれば、戒律を厳守するので非行に陥ることなく、したがって出家ということが社会的な安全弁となっているのです。いわゆる先進文明諸国に非行や犯罪の多いことを考え合わせると、南アジア諸国の習俗は一概に非難するわけにもいかないでしょう。

原始仏教では、分配面の道徳が強調されている割合に、生産面の道徳の説かれていることは比較的少ないのですが、絶無ではありません。ある場合には業務を二種に分類して、「ことがら多く、なすべきこと多く、営務多く、努力多き業務」と「ことがら少なく、なすべきこと少なく、営務少なく、労力少なき業務」とし、前者は耕作、後者は商業であり、いずれも実行すれば偉大なる果報が得られるが、実行しなければ大いなる果報が得られないといいます。農民は勤倹精励によって王の財を増大すると考えられていました。

政治論に関して、次のような説教が伝えられています。釈尊はある王の顧問である一人のバラモンに対して、次のように教えたといいます。

昔マハーヴィジダという王が大規模な祭祀を行なおうとしました。しかし王の顧問であるバラモンはその国王に対して次のように言いました、

「王の国内には殺傷や略奪が多い。ここで税を取り立てるならば、王は不法行為者となるであろう。刑罰の強行によってこのような犯罪を少なくしようとするのは、よくない。むしろ次の方策によれ、「王さまは王さまの国土の中で農耕、牧畜に励む者には種子や食物を給し、商業に励む者には資金を給し、官職に励む者には食事と俸給とを準備なさい。これらの人びとが各自の職業に没頭するならば、王の国土を悩ますことはないでしょう。しからば王には大なる富が蓄積されることになります。安寧《あんねい》を保っている国土には、災厄

なく、人びとは歓喜して、きっと胸にこどもを踊らせながら、家の戸を閉ざすことがないでしょう」と。

そこで国王がこのバラモンの教えのとおりに行なったところが、はたしてその言のとおりになったと伝えられています。[91]

また次のように、つくる道徳が説かれています。

園を設け、林を設け、橋を作り、
給水所と井泉と休息所とを作って与うる人びと——
かれらの善(功徳)は昼夜に増大する。
かれら、法を求め戒めをたもてる人びとは、天界に赴《おもむ》く。[92]

ここではつくることの道徳が説かれていますが、とくに交通路の設定に寄与するものがあげられています。これは当時、インドの農村社会の孤立性、閉鎖性を打破することによって、自己の活動範囲を拡張しようとしていた、当時のインドの商工業者の社会理想が、こういう形で表明されていると思います。とくに当時の社会においては、隊商が重要な意義をもっていました。ところが後代になると、教団中心に考えるようになったため、右の詩句も教団への施与と結びつけて説かれ、右の詩句の前に「塔を起こし精舎《しょうじゃ》を立て、園と果〔実〕とを清涼なるひとに施す[93]」という句を付け加えています。

そうしてこういう施設を、とくに宗教家のためにつくって与えるべきであると説いている場合も多いのです。

いかなる人でもこの世において道徳をまもる在俗信者は、
園林と井戸と給水の道とを、
清冷となった尊敬すべき人びとに、尊敬をもって給し、
また衣と食物と必需品と坐臥《ざが》の具とを、清く澄んだ心で正しい人びとに施与した。(94)

在俗信者はまず、(1)土地を寄進して園林をつくる。(2)その園林の中に僧院を建設する。(3)その僧院に臥具を与える。(4)そこでつねに乞食《こつじき》がなされうるようにする。(5)時折そこに赴いて施与を行なう。(6)病人を看病するために施与を行なう。(7)諸種の食物を与える。これらはすべて功徳を生ずることなのです。(95)

しからば、仏教は何ゆえに生産に関する倫理をそれほどに説かないで、もっぱら分配面の道徳のみを強調したのでしょうか。これは結局、インド経済の風土的性格から理解すべきでありましょう。インドでは、風土のゆえに衣食住に関しては、さほど心を労しないで暮らすことができます。第一、着物がほとんど要らないのです。裸みたいな格好でいい。住居に関しても小さな家に住んでいます。それから食料生産に関しても、人為的努力をさほど要しません。稲は一年に二度収穫があるということを、ギリシア人メガステーネース

は驚異的事実として報告しています。だから当時としては、分配の道徳のほうに重点がおかれたことは理解できるのです。

しかしそれと同時に、この態度がまた後代のインド経済の弱点を醸成することになりました。単に「分ける」道徳のみによっては、増大する人口を養いきれないのです。飢饉や自然の災害は、人口増大を食い止める原因とはなっていましたが、今日では災害対策の進歩とともに人口は急激に増大しつつあり、新たに「つくる」道徳が積極的に提唱されています。伝統的なインド経済思想が、ここで大きな反省に当面しているのです。

なお、生産に関する具体的な方策の詳細に関する規定の欠如については、次のように解することもできます。産業の振興の問題については、当時の仏教学者は独自の理論を有しませんでした。すなわち一部のバラモンの説いたそれ、乃至《ないし》当時のインドの自然学の知識をそのまま採用していたのです。とくに生産の増加という問題については、当時の一般インド人の行なっていた方策に従い、それを是認していたのです。だからそのために、特別の方策も詳論されていないのであると考えられます。

仏教が分配面での道徳を強調し、交通路の設定に熱心であったということは、その世界性の理解のために重要です。姉妹宗教であったジャイナ教も商人の間に信徒をもっていました。しかしジャイナ教では、その信徒が活動してよい方角または地域に関して一定の制限を設けています。またジャイナ教の出家修行僧はむやみに旅行することは許されません。ところが仏教にはこういう制限がありません。仏教修行僧は「四方の人」であり、地域にとらわれず、国籍を超越し、そこにはコスモポリタンの理想が生きていました。当時あらわれた諸宗教のうちで、仏教のみが世界宗教となりえた理由の一つは、ここに存するのでしょう。

5 職業の種別

このように仏教では世俗の職業における精励努力を強調していますが、それはとりも直さず行為を強調する立場です。積極的な行為の強調の思想は、とくにアショーカ王の詔《しょう》勅《ちょく》において顕著であり、また『バガヴァッド・ギーター』において説かれています。

バラモン教の設定する社会制度にもとづき、職業の区別がすでに行なわれていたことは、物語のうちに言及されています。

「聖者はヴェーダの学習に、王は地の領有に、庶民は農耕に、隷民は人びとへの奉仕に、と、おのおの領域(分野)のままに従事した(96)」

しかし仏教はこの区分を容認しません。

「もしも、バラモンが語ったように、このことばが真実であるならば、王族の生まれでない者は王位が得られないことになるだろう。バラモンの生まれでない者は聖句を学ぶことがないであろう。庶民以外には耕作を行なう者はないであろう。隷民は他人への奉仕から免れえないであろう(97)」

しかし、それは誤っています。それは事実に反しています。

「チャンダーラ(賤民)の子であっても、賢明で知能があるならば、ヴェーダを学習して呪句を語るであろう(98)」

職業を神聖視する思想は、バラモン教の『法経』のうちに現われています。「職人の手はつねに清浄である」といい、同様に、酒造場以外のすべての仕事場も清浄であるとされています。原始仏教においては、それと同様に、職業倫理が強調されていましたが、しかしすべての職業が神聖視されていたのではありませんでした。ある種の職業は、好ましからぬものと見なされていました。

猟師に向かって教えていう、

「猟師よ。耕作、商業、金貸、収納業、これらによって妻を養え、再び悪をなしてはならぬ(99)」。

ここでは、狩猟は悪い職業と見なされ、これに反して耕作と商業と金融と落穂拾いとは、主要な生活法であって、この正しい生活によって妻を養え、と教えているのです。ある場合には「正しい商売を行なえ(100)」と教えています。

とくに商業を問題として、その合法性を強調していることは注目すべきです。これは、当時商業資本の台頭しつつあった歴史的現実に対応するものです。経典のうちのやや遅い部分に正しい職業として言及されているものは、農業、商売、行商、牧畜、金貸、貸家業、建築士、官吏、武術、書、計算、絵画の技術などです。耕作、商売、金貸、収納業が正しい職業として言及されていることもあり、また耕作、商売、牧牛、射技、官吏、あるいは他の一つの技術に精励することを称賛しています(101)。

正しい商売に対して、「正しくない商売」として禁止しているものは次のごとくです。

「この五つの商売は在俗信者のなしてはならないものである。その五つとは何であるか？　武器の売買、生きものの売買、肉の売買、酒の売買、毒の売買である(102)」

酒は人間を怠惰放縦《ほうしょう》ならしめるからその売買を禁じたのですが、その他は生きものを害する行為と関係があるから、これを禁じたのです。このような職業禁止規定の根底には、在俗信者のための不殺生戒《ふせつしょう》と不《ふ》飲酒《おんじゅ》戒の精神がひそんでいるのです。当時のバラモンは水浴によって罪や汚れを除去しうると考えて水浴を盛んに行なっていたが、プンニカーという尼僧は、それを非難して、次のような言を発したと伝えられています。

「無知なるいずれの人が、無知なる汝に、この水浴によって悪業より脱《のが》れると説き教えたのであるか。

しからば、蛙も亀も、竜も鰐《わに》も、そのほか水をくぐるものはすべて天に生まれるであろう。

また、しからば、屠羊者も屠豚者も漁夫も猟鹿者も盗賊も死刑執行人も、そのほか悪を行なうものどもも、すべて水浴によって悪業より免れるであろう」(103)

この文からみると、盗賊はいうに及ばず、たとい合法的な職業であっても、死刑執行人は人を殺すのですから、やはり「悪を行なう者」なのです。また屠殺業すなわち殺生を職業としているものも、同様に悪業を行なう者なのです。仏教は猟師の仕事をやめさせようと努めました。仏教の職業倫理説が慈悲の精神にもとづいているために、このような結論が導き出されたのでしょう。

また経典の中では、世俗の若干の職業に言及して、その職業生活の意味を否定している箇所があります。

俳優村の村長であるタラプタが、釈尊のところへ来ていいました。

「尊い方よ、昔の累代の師である俳優たちが語るのを、わたくしは聞いたことがあります――「劇場の中で、会堂の中で真実と偽装とによって人びとを笑わせ楽しませる俳優は、身体が破壊してから死後に戯笑天に生まれて、かれらと共住することになる」と。尊師はこれについて何とおっしゃいますか？」

釈尊は笑った、

「止めよ。村長さん。これをそのままにしておけ。このことをわたくしに聞きなさるな」

これと同じ問答が二回くりかえされる。ついに釈尊は、昔の人びとでも貪欲《とんよく》と瞋恚《しんに》と愚痴《ぐち》とに束縛されていたということを明かします。そうして俳優一般の信じている前掲の信仰内容は誤りであるといいます。「かの俳優は自ら陶酔し、わがままとなり、他人を陶酔せしめ、わがままならしめ、身体の破壊したのちに、死後に、〈戯笑〉という名の地獄があるが、そこに生まれる」。これを聞いて、タラプタ村長は出家して、釈尊の弟子になったといいます。(104)

次に戦士である村長も同様の信仰をもっていました。戦場で死闘を行なって亡くなった戦士は、死後に「楽しみを伴う」という名の天の世界に生まれるという信仰をこの村長はいだいていたが、それは誤りです。かれに対しても同様の教えが説かれました。(105) また馬乗りである村長についても同様の教えが説かれています。(106)

これらの諸説からみると、俳優、戦士、馬乗りなどは直接には経済的な価値を創造するものではないし、また心の修養に益するものでもないから、それらの職業の意義を認めようとしなかったようです。ことに厖大《ぼうだい》な原始仏教聖典の中に戦士に関する記述が少ないのは注目すべきです。「敗れて生きるよりは戦場に死する方が勝れている」(107)というのは、当時の戦士の意気の反映でしょうが、これは例外的です。王族の中には仏教に帰依したものもいましたが、その下に使われている戦士たち(それは種々なるカーストの出身者でありえた)が仏教と縁が薄かったということは、インド文化史における重要な事実です。

仏教が定めた職業に関する制限は、バラモン教や叙事詩の場合と比べてみて、その原則に関してはいちじるしく簡単となっています。呪術的、慣習的な要素を除去していて、特殊な民族にのみ固有なタブーというものは認められません。ここにも仏教が普遍的な宗教としてひろがりえた所以《ゆえん》を見出すことができます。

6　仏教の経済倫理と資本主義の精神

原始仏教では、富の蓄積を説きながら、その財富をあまねく人びとに享受せしめよと説くわけです。これは資本主義の倫理と共通な面があり、そう呼ばれうるでしょうけれども、しかし、またそれは一切の生産手段を少数の資本家が独占するという意味の資本主義とは、意味内容を異にすることはおわかりいただけると思います。ある点では、いわゆる社会主義的な考え方にも近いと言えましょう。

だからこそ南アジア諸国では、「仏教的マルキシズム」というのが社会改革の標語となっています。

それ以上個々の具体的な経済問題についての当時の仏教徒の思想は、詳細不明です。しかしながら、われわれは、以上に検討した原始仏教徒の経済倫理を「初期資本主義的」と名づけることは、恐らく何の妨げも存しないでしょう。これを、こころみにメソジスト派の開創者ウェスレーの次のことばと比較してみましょう。

「われわれはすべてのキリスト者に、できるかぎり利得するとともに、できるかぎり節約すること、すなわち結果において富裕となることを、勧めねばならない」。この文章の前には、「できるかぎり利得するとともに、できるかぎり節約する」ものは、同時に「できるかぎり他に与える」ことによって、恩寵を増し加えられ、天国に宝を積まねばならぬ、という勧めが書かれている。

ウェーバーはこの思想を資本主義の精神と見なしています。しからば、われわれは少なくとも論理的には、それと同様の主張を、原始仏教のうちにも見出しうると言いうるでしょう。

従前のバラモン教においては、もっぱら呪術的な祭祀を重視して、そこに宗教の中心的意義を認めたのでしたが、仏教では「与える」という行為に神聖な宗教的意義を認めて、それをバラモン教の祭祀にかわるべきものだと考えました。だから施与の行為を「祭祀」と呼び、またバラモン教で行なう「うがい」に比しています。またある場合には「豊かな大供犠も施与されたものには及ばない」といいます。

「この莫大な、費《つい》えの多い祭祀がかの正しい人の施与に比しうる価値がないのは何故であるか？　幾千という祭祀を行なっても、このような施与の一六分の一にも値しないのは何故であるか？」(108)

西洋においては、ユダヤ教およびキリスト教の反魔術性の精神が、資本主義の成立に大いに力があったと考えられています。ところが原始仏教の場合には、前の例に見られるように、反魔術性を婉曲《えんきょく》なことばを用いて表現し、実質的に実現しようとしました。すなわち仏教は、バラモン教の呪術的用語を継承しても、その内容を改めて実質的には中和してしまったのでした。

ところが教団の発展とともに新たな魔術性が芽を出してきました。たとえば、「商人のうちに成功する者と失敗する者とがあるのは、宗教者やバラモンにかれらの欲するものを与えるか否かによる」(109)などと説かれるようになりました。この魔術性は後代の大乗教、ことに密教では大規模に発展するに至るのです。

以上の検討によってわれわれは、原始仏教において経済倫理あるいは経済行為に関する倫理的反省が述べられていることを知りえました。そうしてそれがその立論のしかたにおいて、ウェーバーなどの指摘した資本主義の精神と多分に類似点を有することは否定できません。ここで断わっておきますが、いまここで「資本主義的精神」というのは、ウェーバーが使用したような意味における成語としてです。それは、必ずしも巨大な数量の生産手段を少数者が独占的に所有し、そうしてそのことを是認し正当視し、そのほうが生産能率をあげるために効果的であると主張するような思想を指していうのではありません。そうではなくて、現世のうちにおける禁欲的な精励努力によって、当面の目標としての資本の蓄積と、それの生産への回転とをめざすような思想傾向をいうのです。

しからば、ここに見出された経済倫理は近代西洋における禁欲的プロテスタンチズムのそれと、どういう点で相違があるのでしょうか。ウェーバーは近代西洋にあらわれた資本主義の精神の倫理性を指摘したあとで、「「資本主義」は、中国、インド、バビロンにも、古代にも中世にも存在していた。しかしこれらの資本主義は、右に述べた特殊の倫理的性格を欠如していたのである」といいます。しかしわれわれが以上に指摘したように、原始仏教における経済行為の反省も充分に宗教倫理的性格を具えていたと見なければなりません。

なるほど一方は、インド宗教の地盤の上に成立したものであり、他方はキリスト教の伝統を受けつつ起こったものであるから、宗教の相違にもとづく精神構造の差異は、どこまでも拭《ぬぐ》い消すことができません。ことに西洋においては絶対者としての神は人間から断絶しているが、仏教においては絶対者(仏)は人間の内に存し、いな、人間そのものなのです。こういう差異についてはさらに綿密な検討が必要です。

しかしながら、宗教上の教理は別として、単に職業における精励、およびその宗教的な有意義性という見地だけから考察するならば、両者の説き方の間に本質的な相違は存在しないように思われます。それにもかかわらず、インドではついに近代資本主義は成立しませんでした。

そこでわれわれはどうしても、近代資本主義の成立のためには、宗教的な職業倫理説は不可欠な要素であり、ある意味では本質的または主動的なものであるということを承認するけれども、単にそれのみを唯一の原因としているのではないといわねばなりません。単に宗教的な職業倫理説のほかに、あるXという条件が加わっていると考えなければなりません。

しからば、そのXという付加的な、しかし実は極めて重要な条件はいったい何でしょうか。それを検討しなければなりません。その条件となっているものは、唯《た》だ一つではなくて、恐らく複合的なものでしょう。

ここで問題とすべきは、宗教教理の全体系のうちにおける禁欲的職業倫理のありかた、または位置づけの相違ということです。原始仏教は善行の実践よりも、超世俗的な解脱の境地を上においているように見受けられます。

ある修行者が諸《もろもろ》の汚れから解脱しえなかったので、かれは「わが父母の家は極めて大いに富楽にして、多く銭財あり、われ今むしろ戒を捨て道行《どうぎょう》を罷《や》め、布施して諸の福業を修めんと欲すべきか」と思いました。これに対して世尊(釈尊)は他心智をもってかれの心を知り、かれを慚愧《ざんそ》せしめ、指導して解脱を得せしめたといいます(110)。

ここでは物質的な寄与奉仕よりも宗教的な解脱を重んじたわけです。だから物質的な助けを与えるよりも、精神的な慰めを与えるほうがよりすぐれていると考えられることになります。ここにまた原始仏教がバラモン教に対して反呪術性を標榜《ひょうぼう》しながらも、しかも別の意味において呪術性を潜入させることになったきっかけが認められるのです。

だから職業に専心精励することをすすめ、それが宗教的意義のあるものであることを説きながら、原始仏教ではその上に、あるいはその背後に出家者の生活を認めたために、職業生活の宗教的意義の主張が弱められたようです。もちろん前に指摘したように、在家者でも究極の境地に到達しうると説いていることもありますが、しかし全体としては出家者を中心とした教えです。ここにわれわれは近代資本主義の宗教倫理との差異の一つを見出しうるし、また後代になって大乗仏教、あるいは近代のヒンドゥー教が、従来の宗教の超世俗性を批判しつつ独自の論理を展開せねばならなかった理由を認めうるのです。

しかし中世的な宗教的思惟がなお残存支配している若干の近代西洋諸国においても、やはり資本主義活動が行なわれていることを考えるならば、右の区別を指摘するだけではなお不十分です。われわれはそのほかの諸原因をも見出さなければなりません。そのうちで最も重要な原因となったものは、私の考えるところでは、インド人一般に顕著な、対象的自然界からの疎外的態度であろうと思います。

対象的客観的自然世界の秩序を合理的に把捉しようとしない思惟態度は、自然科学を十分に発展せしめないし、したがって技術の合理的使用への意欲を起こさせません。ここには人間の使用する機械の発展改良ということもあらわれません。その結果として生産様式は何千年にわたってほとんど変化することがありません。西暦紀元前何千年の昔と推定されるインダス文明遺跡に発見される農具と、今日インド農民が一般に使用している農具との間に、はたしてどれだけの相違が存するでしょうか。このような基盤においては、機械文明とともに発展した近代的資本主義が、現実の問題として近世インドにおいて成立しえなかったのは、当然でしょう。

近代的資本主義の未成立という事実を説明するために、その当該民族の思惟方法、ないし思惟態度のいかんに理由を求めようとする研究方法は、十分に意義のあるものです。このことは、われわれも承認するにやぶさかでありません。しかし合理的な禁欲的職業倫理思想の有無にのみその原因を求めることは、決して唯一の解決法ではありません(もっともこのことは、ウェーバー自身もある程度まで承認していることですが)。

また経済行為に関する仏教のこのような思想は、それが適当な指導をうけて発展するならば、今後の世界に大きな意味をもつでしょう。そこには特定のドグマが存在せず、また選民意識も存在しないから、普遍的なものとして経済活動に精神的基盤を与えることが可能です。このような精神的原理が、客観的自然界に対するはたらきの中にどのように生かされるかということは、今後当面する大きな問題です。

7　諸業すなわち仏道修行

このように、世俗人のためには、すでにインド仏教において経済活動の意義が認められていましたが、わが国では私欲を離れて経済活動に打ち込むことが、そのまま仏道修行であるという考えが出てきました。その顕著な代表として鈴木正三《しょうさん》をあげることができましょう。

かれは、徳川家康の旗本で、関ケ原の役、大坂冬の陣にも出陣した人ですが、四二歳で、ふと思うところあり、出家しました。

かれは、幾多のカナガキの法話を残している点でも先駆者ですが、かれの思想的特徴は、いかなる職業でも仏道修行であり、万民すべてそれぞれの職業を忠実に実践することによって仏となることができると主張した点です。

かれによれば、根本の一人の仏がまします。それが百億の多数の身体を現じて、世界を利益《りやく》する。その仏の現われた身体というのが、それぞれの職業のことです。

「本覚真如の一仏、百億分身して世界を利益したもうなり。鍛冶、番匠をはじめ、諸職人なくしては、世界の用うるところ調《ととの》うべからず。武士なくして、世治まるべからず。農人なくして、世界の食物あるべからず。商人なくして、世界の自由成るべからず。このほかあらゆる事業出で来て、世のためとなる。天地をさたしたる人もあり、文字を造出したる人もあり、五臓を分けて医道を施《ほどこ》す人もあり。その品々限りなく出て、世のためとなるといえども、唯だ是れ一仏の徳用なり」（『万民徳用』）

そうしていかなる職業も絶対者の顕現です。絶対者である唯一の究極の仏の顕現であるという点において、いかなる職業も神聖であるということになります。

「何の事業も、皆仏行なり。人びとの所作の上において、成仏したもうべし。仏行の外なる作業あるべからず。一切の所作、皆以て世界のためとなる事を以てしるべし。仏体をうけ、仏性そなわりたる人間、意得《こころえ》あしくして、好んで悪道に入ることなかれ」(同)

「自己の真仏」、すなわち本来の自己にたよることが、仏教の本質なのですが、いかなる職業も、この「一仏」のはたらきなのですから、各自の職業の追求がまた絶対者に対する随順となるのです。

たとえば、農民の場合については、「農業便《すなわ》ち仏行なり」(『驢鞍橋』)といい、「此の身を一筋に天道に任せ奉り、……一鍬《ひとくわ》一鍬に南無阿弥陀仏、なむあみだ仏と唱え、一鎌一鎌に住して、他念なく農業をなさんには、田畑も清浄の地となり、五穀も清浄食と成りて、食する人、煩悩《ぼんのう》を消滅するの薬なるべし」(『万民徳用』)といいます。

ただこういう職業倫理には、また一つの危険な落とし穴もあると言えましょう。それは職業に付随する地位とか、物質的利益だけが目的と化してしまうおそれなしとはしません。近代文明のこういう欠点に陥らないためには、職業の背後に潜む目には見えない尊いものを自覚する心がまえが必要でありましょう。

8　経営者の心づかい

現実の経済活動は、多くの人びとの協力によって行なわれるものです。そこには、雇用関係があるわけです。雇用関係に関する仏典の教えをちょっと申し上げます。

経営者が使用人や労務者を使うときには、細心の注意を必要とします。原始仏教が西紀前五―四世紀にガンジス川流域の諸都市を中心にして興起したときには、その信徒のうちに商工業者が多かったのですが、小規模経営で使用人たちと同じところに住んでいたので、次のような心づかいが述べられているのです。

「主人は次の五つのしかたで、奴隷傭人に奉仕しなければならぬ。すなわち、(1)その能力に応じて仕事をあてがう。(2)食物と給料とを給与する。(3)病時に看病する。(4)すばらしい珍味の食物をわかち与える。(5)適当なときに休息させる[11]」(「シンガーラへの教え」)

スリランカの仏教学者ブッダゴーサ(五世紀)は、その一つひとつについて次のように説明しています。

(1)〈その能力に応じて仕事をあてがう〉とは、「若者のすべきことを老人にはさせず、老人のすべきことを若者にはさせず、女のすべきことを男にはさせず、男のすべきことを女にはさせず、それぞれの力に応じて仕事をあてがう」のである。

(2)〈食物と給料とを給与する〉とは「「この男は少年である」「この男は独身者である」というふうに、その人に適当な程度を顧慮して、食物を与え、費用を与える」という。つまり年齢差や家族手当の問題に相当することを述べているのである。「生きとし生ける者は食をもととしている」ということは、仏典の中にしばしば説かれていることであります。人びとに対しては、まず食えるようにしてやらなければならない。食物の問題の解決が生活の基礎となることを見抜いているのであります。

(3)〈病時に看病する〉とは、「健康でない時には、仕事をさせないで、快適な物品、薬品などを与えて看病すること」である。

(4)〈すばらしい珍味の食物をわかち与える〉とは、「珍しい甘味を得たならば、自分では食べないでも、かれらのためにも、その中からわかち与えること」である。自分の使っている使用人のために、まず美味を与えるということは、なかなかできないことである。しかし、もしもそれができたならば、経営者と使用人との間の感情的な摩擦は起きないであろう。

(5)〈適当なときに休息させる〉とは、「常時にまた臨時に休息させることである。〈常時に休息させる〉とは、人びとは一日じゅう仕事をしているならば疲れてしまう。それゆえに、かれらが疲れないように、適当な時を知って休息させるのである。〈臨時に休息させる〉とは、六つの〔星の〕祭礼などに、装飾品、器、食物などを与えて休養させるのである」(112)。人間は、働き通しでは本当に能率をあげることができない。どうしても適当な休養をとることが必要である。

右の議論は、千五百年前にパーリ語で書かれたとは思われないほど、なまなましいひびきがあります。

ところで、「能力に応じて仕事をあてがう」ということについて、さらに考えてみましょう。

若者は体力、気力にすぐれ、これにたいして老人は体力も気力も衰えています。しかし、老人は多年にわたる失敗の経験のゆえに、思慮分別に富むが、若者は体力気力にまかせて無謀に暴走する恐れがあります。そこでそれぞれに適した仕事をあてがうということが必要になります。また未成年の少年少女に過重な労役を課してはならぬという心づかいも、同じ原則からでていると言えましょう。

「女のすべき仕事」と「男のすべき仕事」とを区別することは、どこの国でも昔から行なわれてきたことですが、現在工業化の進んだ国では問題になっています。

近代文明において機械使用の度合いが進むと、性別による仕事の別は次第に消失していく傾向があります。ボタンを押すだけでよい、ということになると、男でも女でも同じことになります。やがてロボットが人間に取って代わるということになるでしょうが、ロボットに男女の差は存在しません。やがてロボットが何もかもしてくれることになると、「人間不要」に向かって進むでしょう。

ところでロボットには男女の性別はないのですが、人間にはそれがあるという事実のうちに、われわれは見失ってはならない根源的な人間の本質規定を見出します。人間にとって男女の区別は、本質的な規定です。人間は生まれ落ちたときから、男か、女か、いずれかです。どちらでもない人間というものは存在しません。男女の別は、人間における根源的な両極化現象です。東アジアの文明では、これを「陰」と「陽」の対立として把捉しました。たとえば優美は女性の徳として、剛毅は男性の徳として重んぜられました。英語文化圏でも男性化した女性を非難して、「シー・イズ・ノット・フェミニン」といいます。

男女の性を無視するということは、人間を人間としてではなくて、単なる物体として把捉しようとする試みです。物体化の領域においてはそれは差し支えありません。しかし男性化した女性、女性化した男性ばかりが増大しつつある社会のうちには、人間性の喪失が見られます。

これは、経営者の方々はもうよくご存じのことだと思いますが、この頃、「男女平等」ということをしきりに言われますが、厳密な意味での男女平等は、これ宗教の世界で言われることでありまして、また宗教の世界はそうでなければならない。しかし、実際の社会では、短絡的に男女平等で押し通すことはできないのではないでしょうか。平等だからといって危険な仕事を女性にやらせていいでしょうか。やっぱり人間社会の多層構造を考えねばならないかと思うのです。

II

政治に対する批判——仏教と政治倫理

1　現代の荒廃を予言する

仏典を見ますと、現代の政治の進路について、われわれが胸に手を当てて考えたくなるような立言がいろいろございます。『大無量寿経』の中に出ているのですが、まるで現代を予言しているようなことばがあります。もとは漢文で書かれていますが、これを現代語に翻訳してお伝えいたしましょう。

「臣下はその君主を欺《あざむ》き、子はその父を欺き、兄弟、夫婦、親しい友、親しくない友は皆互いに欺き合う。かれらはみな貪欲であり、憎悪を抱き、無知であり、自分の財を増やすことのみに専念して、さらに多くを貪《むさぼ》る。身分の尊い者も低い者も、地位の高い者も低い者も、すべて同じ心である。家庭を破壊し、身を滅ぼし、周囲を顧みることをせず、親族や知己も巻き込まれて滅ぶのだ。あるときは家族や友人や郷里の人びとまで巻き込まれて事に従い、互いに利益にとらわれて怒り、憎むのだ。富裕でありながら物惜しみして与えず、宝石を愛し、高価なものを貪って、心疲れ、身は苦しむようになる(1)」

近年のわが国は、経済的には富裕になったと言われておりますが、何と心の荒《すさ》んだ出来事が多いことでしょうか。

末法末世の世の中を嘆いたこの『大無量寿経』の一節は、いまの精神的荒廃をそのまま物語っているといってよいのではないでしょうか。この経典のつくられた二千年も前の状況であるのみならず、実は近年のわが国の姿ではないでしょうか。

こういう争いが起こらないように法律がつくられていると、人びとは言うでありましょう。しかし法律の実際の機能を見ると、どうかすると、この頃は悪人の人権は擁護されるけれども、善人一般の人権がどうも無視されているのではないかと思われることが、しばしばあります。この点で、戦後の法律制定者たちには大きな責任があると思います。互いに話し合い、互いに助け合うという、昔からの日本人のあいだの協力和合の精神を破壊してしまったのではないでしょうか。

道徳の頽廃

現在、道徳の荒廃ということがやかましく論ぜられていますが、それはまた約二千年以前につくられた『大無量寿経』の嘆いているところです。続けて申します。

「父母が教え諭《さと》したりすれば、眼をいからして怒り、口答えするのだ。言葉づかいは荒々しく、親の言うことに従わない。それはまるで仇《あだ》にでもものを言うようなものである。このようなありさまでは、子はないほうがいい(2)」と。

このことばに共感される方々も、少なくはないでありましょう。家庭教育の必要が叫ばれていますが、家庭教育を駄目にしてしまったのは、戦後の指導者たちではないか。戦前にはこれほどひどいことはなかったと思います。

とくに乱れが甚《はなは》だしいのは、男女の間の性道徳の頽廃《たいはい》であります。

『大無量寿経』は続けて申します。

「ただ愛欲を思うばかりで、胸の中は迷いで一杯になっている。愛欲に入り乱れて、居ても立っても心は安らかでない。ひとのものを欲しがり、自分のものは惜しんで、ただ徒《いたずら》に自分のものにしたいと思うばかりである。美しい婦女を見れば、賤《いや》しい眼で盗み見、卑猥《ひわい》な行ないをほしいままにするのである。かれらは自分の妻を嫌って、ひそかに無分別に他の女人と関係をもったり離れたりする(3)」と。

こういうことばは、いまの世相を衝いているのではないでしょうか。現在のわれわれとしては、ただ嘆いているというだけでは無意味です。われわれはじっくりと胸に手を当てて、この荒廃の引き起こされた由来を反省し、将来の進路を見出そうではありませんか。

国のとるべき立場

こうした世相に対して国はどういう立場をとるべきでありましょうか。国としてはほっておいていいのかどうか。

仏教が興った時代を顧みますと、一般人民の生活は決して楽ではありませんでした。仏教徒はそれを嘆いていました。くわしく引用しますと、

「人びとは王の官吏を恐れて、昼は家に住むことができないで、家を棘《とげ》のある枝でとり囲んで、太陽が昇るとともに森に入る。昼は王の官吏が荒らし、夜は盗賊が荒らす」(4)(『ジャータカ』)

ああ、人民は気の毒なものだというのです。

「夜は盗賊が喰い荒らし、昼は徴税官が喰い荒らす」(5)とも言っています。

原始仏典では一般に人びとの受ける災難が、火事、洪水、疫病などいろいろあるということを教えていますが、しばしば「国王の難」と「盗賊の難」というのを並べて言うのです。つまり、仏教徒の眼から見ると、村落共同体の平和を乱し、人民を苦しめるという点では、国王も盗賊も区別のないものだと、そう思っていたのです。国王を盗賊と同列に見なすということは、その後、仏典においては一つの形式となりました。

当時のインドの税率は低く、収穫の六分の一を税金として納めるのです。税金というより、ただ税と言ったほうがいいでしょう。それでも人びとは不平を言っていました。かれらにとっては国王とか国家というものは無用の存在だったわけです。

今日になれば、もちろん事情を異にします。高度に発達した文明社会においては、治安の維持、技術の開発、社会福祉施設の開設などのために、当然国家の力を必要としています。これが近代文明の特徴の一つでありましょう。

しかし、それらがすべて必要なのでしょうか。たとえば、政府が行なっている福祉施設よりも、民間の宗教団体が行なっている施設のほうが、心からなる奉仕をしてくれる、ということがあるのではないでしょうか。

また実際に教育を行なって、こどもたちに学力をつけてくれているのは、税金でつくられた大きな公立学校ではなくて、民間の多数の塾であると言われています。こどもたちは塾のほうへ喜んでまいります。それから公立の郵便局よりも宅配便のほうが便利です。

昔は「国のため」という精神がありました。だから官公立の施設はよく運営されていたと思います。ところが今日では、あまり人びとが国のためということを言わないし、考えもしなくなった。だから駄目になってしまったということがあるのではないでしょうか。

さらにいろいろの規則、規定、あるいは資金の助成がほんとうに必要でしょうか。どうかすると、官庁の仕事の形式を整えたり増やしたりするのが目的で、やたらに規則、規定をつくり、団体を創設しているということがないのでしょうか。

その証拠には、私はくわしく知りませんけれども、外国では政府関係の手続きがあっさりしていて簡単です。たとえば、アメリカや西ドイツと比べていただければいいと思います。

アメリカのある知識人が書いていましたが、マッカーサー司令部の大きな失敗は日本の官僚制をそのまま残存させたことである、これは西ドイツの場合と根本的に異なっている、と批判しておりました。

「権力による支配それ自体が悪である」という仏教徒の考えを、考え直してみる必要があるのではないでしょうか。

仏教が興りました時代のインドでは、あるいは南アジア一般にそうですが、多数の王国が併存していて、相互の闘争に熱中していました。民衆の平和な生活が侵害されることを、ゴータマ・ブッダ(釈尊)は嘆いていました。当時、若干の商業都市を中心とした国々では共和制で運営されていましたが、それらは風前の灯のようなもので、やがて王国に消されてしまったのです。

世人は富を追求しますが、国王は国土の拡張を欲する。そこで釈尊の弟子たちは、この状況を見てこう言っています。

「国王は武力をもって大地を征服し、海辺に至るまで地域を占有し、海のこなたでは満足せず、海のかなたまでも求める」(6)(『テーラ・ガーター』)

と、そう言って嘆いています。

これはいまから二千五百年前の情勢を伝えているのですが、「海のこなただけでは満足せず、海のかなたまでも獲得しようとする」という、このことばは、現代でも若干の強国が示している無理押しの態度を示していると言えないでしょうか。

国王たちは権勢を求める欲望のゆえに戦争を開始し、民衆に災厄損害を及ぼします。また強大な権力を以てほしいままに人民を圧迫して苦しめる。この点では、前述のように国王は盗賊と簡《えら》ぶところがないというので、「国王の難」「盗賊の難」というのを並べていうわけです。どちらも人間を苦しめる。国王は合法的に人間を苦しめるが、盗賊は非合法的に人民を苦しめる。まあ、あまり区別のない困ったものだ、というようなことをかれらは考えていたわけです。

そこで原始仏教の教えたことは次のとおりです。

「王位に在る王族というのは、まるで蛇のようなものである。かれらが怒ったときには、人民に罰を加えることがある。ゆえに、かれらを怒らせぬようにして「己《おの》が生命を守れかし」」(7)(『サンユッタ・ニカーヤ』)

2　「サンガ」の建設と理想的国家

そこで原始仏教の人びとは、世俗の権勢、争闘、戦争などから遠ざかって、自分たちだけで理想的なつどいをつくりたい。理想的な仲間を形成しようとしました。この仲間、つどいを「サンガ」と言ったのです。サンガとは当時、共和国や組合を意味する名称でありまして、その理想がかれらの間では生きていたのです。

お坊さんのことを僧と申しますね。あれは「サンガ」の音を写してあるのです。ところが、そのつどい、共同体に属する個々の個人、成員をも共同体の名前で呼ぶという傾向が中国、日本では強いですから、今日では、お坊さんのことを僧というようになった。もとは「つどい」という意味です。さらに一般の用法としては、共和国とか組合というような用例のことばでした。

ところで、国王が強権を以て迫ってくる場合には、その対処の仕方は難しかった。そこにその仲間の苦悶が始まったのです。当時の社会情勢において、国王が権力を行使する、力をもっている以上、国を全然無視して社会理想を実現するということは、現実のこころみとしては不可能でした。そこで初期の仏教徒も、やはり国家、あるいは国王のあるべきすがたを問題としています。国王はその国において範となるべきものです。

「国王が正しいときには、かれの民衆もまた正しくあるものとなる(8)」

「大王よ。王は正しく国を治めなければならない。何となれば、王が正しくない時には、その役人たちもまた正しくないからである(9)」

国王はその国の指導者として、大きな責任をもっています。

「水を渡る牛群の王者が、もしも行くこと直《なお》ければ、すべての牛は行くこと直し――もしも導者(みちびきて)が直く行くならば。それと同じく、人間の中で最上者と認められている人が、もしも正義を行なうならば、他の人びとはなおさらそのように行なう。王がもしも正義の人であるならば、国を挙げて安楽に臥す(10)」

だから仏教によると、理想としては国家は法にもとづくべきものです。ここにいう「法」とは人間のあるべきすがた、人倫の規範です。当時の仏教徒は、とくに国家に重要な意義を認めていたのではありません。個人、家族、氏族、組合、教団などにそれぞれ法があるように、国家もやはり法を実現するものであらねばならないというのです。

「大なる樹木に譬《たと》えられる国を、法によって治める者は、その味を知り、またその国は滅びない(11)」「王は法を行なえ(12)」、つまり「正義を行なえ」ということが繰り返し教えられています。理想の帝王は「法を愛する人(13)」である。「もしも王が法に随《したが》えば、国を挙げて安楽を受ける[14]」「もしも王が法を守れば、全王国は安楽に臥す」、ところがこれに反して「もしも王が非法であれば、全王国は苦しみに沈む[15]」。(『アングッタラ・ニカーヤ』)

それでは、とくに国家の実現すべき法とはいかなるものでしょうか。釈尊はコーサラ国王パセーナディに対して、次のように教えたと伝えられています。

「大王よ、法を以て治めみちびくべし、非法を以てすることなかれ。理を以て民を治めよ。また非理を以てすることなかれ。大王よ、正法を以て民を治むる者どもは、命終わりて後にみな天上に生ぜん[16]」

ここでは法と理とを強調していますが、ある場合には、さらに利をあわせて説いています。理想の帝王は「利と正義と正理とを[17]」求めよ、というのです。「富めるこの王国を法によって支配する[18]」というのがその理想でした。国王が賢者の補佐を得て、正しい法にもとづいて政治を行なうならば国は栄えるはずである、と説いています[19]。

王者がその地位をたもつためには、財的な基礎を確立していなければならないということもいいます。

「王よ。もしも王者があらゆる財産を失ったならば、親しい身内も友人も、もはやかれを王者とは見なさない。象兵も騎兵も車兵も歩兵も——このように、かれによって生きている者どもも、かれを王者とは考えないようになる[20]」

そこで「富んだ商人が諸国から来たならば、われわれはかれらの便をはかり守護する」(21)ということをめざす。

国王は人民に対して親愛感をもっていなければなりません。理想としては、「国王」とは「法によって他人を喜ばせる人」(22)であると解せられています。

「大王よ、当《まさ》に知るべし。命終わりて人民が追憶して終《つい》に忘失せず、その名称《みょうしょう》(ほまれ)は遠くに布《ひろが》らむ。大王よ、当に知るべし。非法を以て人民を治化する人びとは、死後皆地獄の中に生れむ」。

これに反して「大王よ、法を以て治せば、自らのその身、父母、妻子、奴婢、親族を済《すく》い、国事を将護せん」(23)。

当時の諸国王は、人民の利益よりも国王一個人の利益のみを追求する傾向が強かったから、とくにこのように教え誡《いまし》めたのです。

真の政治は力を用いないのが理想です。仏典によると、政治とは、

「殺すことなく、害《そこな》うことなく、勝つことなく、勝たしめることなく、悲しむことなく、悲しませることなく、法を以てする」(24)

のでなければなりません。理想的な帝王は、

「この大地を征服するのであろうが、刑罰によらず、武器によらず、法によって統治する」(25)(『スッタニパータ』)。

まず国内においては、慈悲の精神にもとづいて政治を行なえ、ということを説いています。

無我の観念――無我というのは我執《がしゅう》をなくすという意味ですが――その観念が現実の実践のうちに実現される場合には、それは「慈悲行」となります。仏教者は慈悲を具現する者でなければなりません。慈悲の実践は強権にたよらずに行なわれるものであることを理想とします。「慈悲の実現」という名目のもとに、もしも何らかの強権に訴えようとするならば、それはかえって行動目的である慈悲そのものを害うことになります。

このような見地に立って、初期の仏教徒は、強権にたよらない理想的社会(サンガ)の建設をめざし、国家の手をはなれて、自分たちだけの精神的努力によってこれを実現しようとしたのです。盗賊と本質的に異なるところのない当時の国王は、当時の仏教徒の最も嫌悪したものでした。

3　戦争と平和

慈悲の精神

慈悲の精神は、まず自分を反省してみて、次いで人の身になって考えるというところから出発します。

「いかなる方向に心を馳《は》せて探し求めても、自分よりもさらに愛《いと》しいものを見出しえなかった。同様に、他の人びとにもそれぞれ自分は愛しい。それゆえに、自己を愛する者は他人を傷つけてはならぬ(26)」

ゴータマ・ブッダ(釈尊)の時代の大国の一つとして、北方にはコーサラ国がありましたが、その国王はパセーナディ王でした。ある時この王は、マッリカー妃とともに美しい宮殿の上で四方を眺めてくつろいでいたことがあります。インドの宮殿は、屋根が平らで、歩んだり、休息したりすることができるようになっているので、お妃と共に風光を楽しんでいました。そのとき王様がお妃に尋ねました。

「お前にとって自分よりももっと愛しいものが何かあるかね」と。

王様はある答えを予期していたのでしょう――甘い答えを。ところがお妃ははぐらかしてしまいました。

「大王さま、あなたにとっても、自分よりももっと愛しいものがありますか」

王様は答えました。

「マッリカーよ。わたしにとっても、自分よりももっと愛しいものは、何もない(27)」

王様はおそらく興ざめして、がっかりして、そう告白したのでありましょう。かれはひとりで宮殿から下りて、釈尊のところへおもむいて、その次第をつげました。そのとき釈尊は、このことを知って、「自己より愛しいものはない」という趣旨の、右にかかげた詩句をとなえたといいます。

人びとが生きてゆくためには、各自が自己の存在をたもち、それを顧慮するということが第一の条件となっています。その事実は、各自が自覚し意識していることです。もしそうであるならば、他人も同様であると考えて、相手に対して、あるいは他人に対して、いたわりの心をもたねばなりません。

最初期の仏教では、わが身にひきくらべて他人に同情しなければならない、ということを説いています。

「『かれらもわたくしと同様であり、わたくしもかれらと同様である』と思って、わが身にひきくらべて、生きものを殺してはならぬ。また他人をして殺させてはならぬ」(28)（『スッタニパータ』）

物理的生理的な意味で、あるいは社会的な意味で、他人を害《そこな》うことは最大の罪悪です。

「すべての者は暴力におびえ、すべての者は死をおそれる。すべての生きものにとって生命は愛しい。己が身にひきくらべて、殺してはならぬ。殺さしめてはならぬ」(29)（『ダンマパダ』）

他人に対して同情をもつということが、実は真の自己を実現するゆえんです。

戦争の放棄

また原始仏教は、こういう立場にたって、国王に対して、戦争の放棄をすすめております。国王というものは、どうも本能的に戦争を欲するものです。

「海辺に至るまで地域を占有し、海のこなただけでは満足せず、海のかなたまでも求める(30)」

というのです。そこで戦争を始める。しかしながら、「殺す者が殺す者をとらえ、勝者が勝者をとらえる(31)」というのは、相戦う諸国王の罪業のすがたです。だから国王たるものは、戦争手段に訴えて領土を拡張しようとする欲望をまず棄てなければならないというのです。そうして王族たるものは、一般に権勢欲をすてなければなりません。王族がもともと与えられた権勢が少ないのに、欲望が大きくて王位を欲求するならば、身の破滅を招くことになる(32)、といって、権勢欲を戒めています。

徹底的に善良な国王のすがたが賛嘆されています。その王は、捕縛された盗賊には、財物を与えて帰してしまいます。他国の王が軍勢を率いて攻めこんでくると、戦うことを欲しません。都の門を開放して敵軍をなかに入れさせる。決して抵抗しない。ついに、その国王は捕縛され、林のなかに埋められ、狼の食うにまかされることになりますが、かれの精神力のために、狼はかれを食うことができません。縛《いまし》めはおのずから解け、領土を奪った国王も、かれに陳謝するに至ります。(33)

ここでは努力の徳をたたえているといいますが、それは忍耐して自己に打ち克つ努力のことをいうのです。ここに展開されている物語の論理は、実は今日平和主義者の当面している問題です。ジャータカの中では国王の無抵抗主義が称賛されています。

現実の原始仏教教団は世俗的な国家権力に向かっては、戦争をとどめるようにはたらきました。たとえば、マガダ国の王様アジャータシャトル王が隣のヴァッジ族を攻撃しようとしているときに、釈尊はその王の進攻を思いとどまらせたということも伝えられています。(34)

しかしながら、精神的感化をもって侵略をとどめるということは、おのずから限度のあることであり、ゴータマ・ブッダ自身もそれをいかんともしがたいということでした。コーサラ国のパセーナディ王の子ヴィドゥーダバが、四軍を率いて釈迦族の首都カピラヴァストゥに迫ったことがあります。釈尊はかれを迎え、一つの枯れ木の下で端坐していましたが、ヴィドゥーダバがそれを見て、

「枝葉のよく繁った大樹がほかにたくさんあるのに、何ゆえに枯れ木の下に坐するの

か？」

と尋ねたところ、釈尊は、

「親族のかげは外の人に勝る」

と答えました。それでヴィドゥーダバはカピラヴァストゥを攻めてはならぬと思って、兵を引いて退きました。のちにヴィドゥーダバがまた攻めてきたが、また同じことが繰り返されました。しかし三度目に攻めてきたときに、釈尊の弟子のモッガラーナが、

「鉄籠をもってカピラヴァストゥ城の上を覆わむ」

といったのに、釈尊はかれをさとしてその試みをやめさせ、

「釈迦族は今日、宿縁すでに熟す。今まさに報を受くべし」

といって放任させました。そこで釈迦族は、ヴィドゥーダバ王のために殲滅《せんめつ》されたといいます。(35)

当時のインドでは都市を中心とする都市国家が、次第に強大な王権に制圧され領域国家を形成しつつあったために、釈迦族といえどもこの運命を免れることはできませんでした。釈迦族の悲惨な運命も、大きな歴史の流れの一コマにすぎなかったのです。そうしてこの運命を原始仏教はいかんともすることができませんでした。

そこで広い地域にわたっての平和を確保するには、強大な力と組織を必要とするという

ことが痛感されるようになりました。この理想を現実に実現したのがマウリヤ王朝のアショーカ王(前三世紀)でした。

4　日本の伝統的精神

死刑のなかった平安時代

日本はかつては、慈悲の理想を実現した国でありました。日本のことを「和国」と申しますが、和という字が日本ということをしばしば意味します。それほどに平和な国でした。いつもそうだったとは言えませんけれど、平和をめざしていました。その一つの例としまして、平安時代のうち三五〇年間は、わが国では一度も死刑が行なわれませんでした。

これは驚くべきことでありまして、よその国にはまず例がないでしょう。本当かしら、とわたくしは疑問に思いまして、坂本太郎博士とか石井良助博士という権威ある専門家に伺《うかが》いました。これは本当だということです。平安時代の初めから保元の乱に至るまで、いちども死刑は行なわれませんでした。

しかし地方では、たとえば盗賊が入って物をかすめとったというような場合、けしからんというんで、皆が集まってきて、ぶったり蹴《け》ったりして殺してしまうということはあったと思われます。しかし、それはリンチであって、法廷の裁判、宣告にもとづいて行なわれた死刑ではありません。裁判が行なわれたときには、必ず罪一等を減ずるということで処罰されたということです。これが破られたのは保元の乱のときです。それ以降は封建時代に移りますし、やがて戦国時代になると、もう殺し合いはしょっちゅう行なわれるようになりました。

その時代は平安時代と呼ばれまして、都は平安の都ですね。本当にそういう時代があったのです。これは人類の歴史においても驚くべきことだと思います。と同時に、非常に慈悲心に満ちた同情のある政治というような伝統も、その伝統を守り受け継ぐ人がいないと消えてしまうということを、また、はっきりわが国の歴史が教えてくれると思います。

それから他の国の場合で申しますと、やはり似たような適例を、われわれはカンボージアに見出します。

カンボージアのジャヤヴァルマン七世という人は、だいたい一二世紀の人ですが、この人は、領土のなかに仏教精神に基づく政治を行ないまして、悩み苦しむ病人を救うために、領土のうちに一〇一の病院を建てたということを、自分の詔勅のなかに明らかに記しまして、石に刻みつけています。それが残っています。かつてのカンボージアはそれほどの理想が実現されていました。ところが、今日ではどうでしょうか。もうご承知のように、近年、非常に残虐なことが起こりました。

これはやっぱり良い伝統というものは、すぐに消え失せるものであるから、心せねばならぬということを教えていると思われるのです。

日本人の心情

いま申し上げたのは平安時代の一部の時期のことですが、この慈悲の精神は、日本人の心情の中核を形成しておりました。日本の支配者、統治者にやはり影響を及ぼしたと思われます。

慈悲の眼に憎しと思うものあらじ
とがある者をなおもあわれめ

この古歌は佐賀藩の『葉隠』には、神詠(神様の詠歌)として引用言及されていますが、もとは修験道の歌だったと言われています。

この歌は武士たる者の理想の心境として掲げられ、しかも神道の権威のもとに説かれてきた、というところに意味があると思うのです。

「慈悲」ということは、もとは仏教の説いた理想的な徳ですが、神道によっても採用され説かれることになったのです。どの宗教が説いたかということが問題になるのではなくて、「善いことは善い」のです。宗教や道徳体系の差異を超越しています。そうして、この理想を武士が奉じていたということは、注目すべきでありましょう。

武士は戦場では斬《き》り合いをする。命のやりとりで、逡巡《しゅんじゅん》は許されない。しかし、戦いが終わると、一切の怨《うら》みを忘れて敵を弔《とむら》う。たとえば、二人の武士が向かい合って果たし合いをした。そういうときに、勝った人は敗者に向かって、その屍骸《しがい》に向かって合掌《がっしょう》して立ち去ると、こういう習わしがありました。

戦争のあとも同様でした。武将は味方の将士の亡魂を弔ったばかりでなく、敵軍の将士の冥福をも祈っています。これを「怨親平等《おんしん》」と申します。つまり、生きて、敵味方に分かれて戦っているときには対立があるが、死んでしまえば対立を超えるのです。

元寇のあとの法要では、わが軍の将士の霊を弔ったのみならず、元軍の将士の霊の冥福をも祈っています。また島原の乱のあとでは、殺された切支丹側の人びとの冥福さえも念じて、怨親平等の法要が行なわれています。これが西洋であったらどうでしょう。十字軍が戦死したイスラムの兵士たちの冥福を祈るなんていうことがあったでしょうか。

考えてみますと、この崇高な和(やわらぎ)をいとしむ日本人の伝統的精神が、明治維新の頃から失われたのではないかと思います。明治政府が靖国神社を建立したときには、官軍の兵士の冥福のみを祈って、幕府側の戦没者を除外しています。それからもう百年以上経過した今日となれば、もはや薩長と幕府とを対立させるのは、無意味なことではないでしょうか。

そうしてこういう態度が、現在の靖国神社の問題にも尾を引いていると思うのです。国のために身命をなげうった人びとに敬意を表し冥福を祈るのは当然のことですが、しかし、敵に廻った人びとのことをも考えるという日本の伝統的精神が、失われてしまったように思われます。明治の指導者たちは、偏狭なナショナリズムに支配されすぎていたと思います。それはやがて軍国主義に通ずる道を開くことになりました。

中曽根元首相によって、戦後の総決算ということが唱えられました。それは、当然必要でしょうが、さらに明治以後の歩みについても、あわせて批判、反省する必要があるのではないでしょうか。

つまり、われわれは知らず知らずのうちに、わが国の良いもの、尊いものを失っているおそれがあります。

5　仏教徒の説く社会政策

安寧を保つには

次に具体的な政策の問題につきましても、原始仏典のなかで、散説されています。たとえば、釈尊は王の顧問でありましたあるバラモンに対して、次のようにいって教えたといわれています。

「王様の国土には災厄、苦難が多い。村における殺傷、町における殺傷、道路における掠奪《りゃくだつ》が見られる。このような災厄、苦難の多い国土において税を取り立てるならば、王様は不法行為者となるでしょう。王様はこう思うかもしれません。「自分は〔犯人の〕死刑、捕奪、没収、譴責《けんせき》、追放によってこの掠奪の苦難を取り除こう」と。しかし、これはこのような掠奪の苦難を排除するための正しい方法ではありません。もしも死刑を免れた者があれば、後日、王の国土を悩ますことがあるでしょう。むしろ次のような方策によるならば、それこそ掠奪の苦難を排除することができるのです。

すなわち、王様は王様の国土の中で農耕、牧畜に励む者には種子や食物を給し、商業に励む者には資金を支給し、官職に励む者には食物と俸給とを準備なさい。これらの人びとが各自の職業に没頭するならば、王の国土を悩ますことはないでしょう。しからば王様には大なる富が蓄積されることになります。安寧《あんねい》を保っている国土には、災厄なく、苦難なく、人びとは歓喜して、きっと胸にこどもを踊らせながら、家の戸を閉ざすことがないでしょう」

そこで国王がこの教えのとおりに行なったところが、はたして結果はそのとおりになったというのです(36)(『ディーガ・ニカーヤ』)。

大乗仏教になりますと、高僧が帝王に対して書簡を送るというかたちで、具体的な政策が論じられています。

産業の振興

『宝行王正論』という本があるのですが、「王は医学、工芸(技術)、暦、算数を理解して、人びとのために田畑をきちんと整えよ(37)」、また、災難が起こったら、「つねに拯《すく》い恤《めぐ》むべし。もし農民が農業を絶ったならば、種子だとか糧となるものを給せよ(38)」と。そうして国内の治安を保ち、交易を盛んならしめて、物価を安定させなければならない。「境(領土)の内外の劫盗(強盗)を、方便もて断じて息《や》めしめよ。時に随《したが》って商侶を遣《おく》り、物価を平《たいら》かにして、鈞《ひとし》からしめ調《ととの》わしむ。八座等しく事を判じ、自ら理のごとく観察す(39)」。物価の安定をはかるということは、国王の義務なのです。

後期の大乗経典によると、国王が仏法を護らないと、その悪い結果の一つとして「穀《こく》貴《き》」(飢饉)が起こると考えていました。(40) また飢饉が起きたときに民衆を苦しめることのないように、あらかじめ多数の倉庫を建設して、その中に物資を貯蔵しておくということは、すでに当時実際になされていました。民衆の経済的負担を軽くすることは、結局、国家を富裕ならしめる所以《ゆえん》であると考えられていたのです。

当時、諸地方の都市においては、商工業者の組合が相当に有力であったはずですが、国王の権力支配はそれに対してどのようにはたらいていたのでしょうか。仏教の政治学者はどのような方策を取るべきことを、国王に対して教えたでしょうか。

「譬《たと》えば〔次の事例〕のごとし。人ありて善《よ》く解して事を断ず。かつて無量の長者、居士《こじ》、商賈衆《しょうこしゅう》の中においてしばしば事を断ぜしも、匱乏《きぼう》なるがゆえに、頻《しき》りに長者、居士等の所において財物を借便し、〔のちに〕他の来り索《もと》むるも、力の酬還(返済)するなきを恐れ、遂に王に依附《いふ》して拘繫《こうけい》を免れむことを得。〔その〕ときの諸の債主は、王を畏怖《いふ》するがゆえに、敢えてかの人を牽掣挫《けんせいざ》辱《にく》せず。所以はいかん。かれの依附するところの王の力甚《はなは》だ大にして、敵として当たるべきこと難ければなり」(41)(『大般若経』)

また『般若経』を読誦《どくじゅ》するならば、一切のおそれを絶つことができる、ということを説

いたあとで、

「〔あたかも〕負債ある人にして債主を怖畏《おそ》れなば、すなわち国王に親近《したし》み、奉事《つか》えて、王の勢力に依って、怖畏《おそれ》を免るるを得るがごとし(42)」といっています。ある場合には、右の文のあとで、次のようにいいます。

「反《かえ》って債主に怖畏れられ、供養せらる。所以は何ぞや。かの人は国王の勢力に依附し、王に摂受《しょうじゅ》せられて威勢を具するがゆえなり(43)」

この言句から見ると、当時のインドでは、商人や金融業者は国王の強権に対抗するだけの勢力を持っていませんでした。商取引の貸借関係も、国王の恣意《しい》によって容易に変更されました。そうして仏教徒はこれをやむをえぬ事実として諦《あきら》めています。こういう社会的基盤においては、資本主義が発展しえなかったのは、けだし当然でしょう。

この時代の仏典のうちには、具体的な産業政策に関する立言は比較的に僅少です。それは何ゆえでしょうか。それは産業の振興の問題については、バラモン教のそれ、乃至《ないし》当時のインドの自然学の知識をそのまま採用し、生産の増加という問題については、一般インド人の行なっていた方策に従い、それを是認していたからです。

官吏の職務と登用

生産および流通に関しては、仏教の政治論は説くところが極めてわずかであるにもかかわらず、分配の問題に関して大いにくわしく論じています。

まず租税の問題について考察してみましょう。当時のインド人の観念によれば、租税とは、人民の勤労の結果である総生産額のうちの一部を、私人としての国王が強権を以て収奪することでした。人民の納める税は、人間結合の体系としての国家の用に供せられるものであると考えていたのではなくて、むしろ国王個人の私的享受、消費にあてられるものと考えられていました。当時の多くのインド人は、国家の支出――その大部分を占めていたのであろうと想定される軍事費――も、結局少数の支配者の私的個人的消費にすぎぬと考えていました。民衆はそれぞれ何らかのかたちで自治的組織を結成することによって、各自の生存を保護していたのです。だから税を徴集することは、国王が強権を以て人民から「盗む」ことにほかならなかったのです。

このような社会通念の行なわれている国家においては、税を多く徴集することはそれだけ民衆を苦しめるわけであり、これに反して税率を軽減することはそれだけ民衆に楽を与えることになります。当時の大乗経典は、人民に対して苛斂誅求《かれんちゆうきゆう》を行なってはならぬと強調し、ある大乗経典では応報説によっていましめています。

「王、王等、もしくは聚落《しゅうらく》の主、諸の自在なる者にして、税物を賦《ふ》し已《おわ》って、〔その〕のち未だ足らずと言いてまたさらに取り、もしくはあるいは長して取りて王の旧法に違わば、かの人は、この悪業の因縁を以て、身壊れ命終りて悪処に堕《お》ち、かの地獄の血髄食処に在りて大苦悩を受く(44)」(『正法念処経』)

すなわち古来の一定の税率を破ってはならぬといいます。そのほかにも徴税に関して細かな注意を与えています。

「大王よ、当に知るべし、王論の法に依らば、得べからざる物を得るも、取るべからず。〔また〕得べきところのものも、非時には敢て〔これを〕取らず。また時節によって得べき物も、貧窮なる人よりは逼悩《ひつのう》して取らず(45)」(『大薩遮尼乾子所説経』)

租税の徴集については、定まった法によって行ない、税率を軽くし、時には免税をも行なわねばなりません。

「時に随って租税をのぞき、軽微ならしめて、〔人びとの〕調斂《ちょうれん》（ものを乞うねがい）を受けよ。物を施して貧しきひとの〔負〕債を済《すく》い、出息(利息)をして長からず、軽からしむ(46)」

「法に依って税を賦して受け取り、以て衣食に供す。いかに法に依るや。あるいは国、あるいは城、あるいは村、あるいは人の集まる処にて一切の時に常に旧則に依り、道理に依って取る。かの王はかくのごとくにして、もしくは国の壊れし時、もしくは天険の時には税を賦せず、〔税を〕取る時にも、理を以てし、逼《せま》らず、罰せず、先に旧来に常に用いはかるところに依り、斗尺は均平なり。かくのごとく受け取るに、法に依りて、違わず、逼らず、罰せず、侵さず、奪わず。かくのごとき国王は一切の衆生を憐むなり(47)」

租税は人民から徴集したものであるから、貪ってはなりません。「貪心なし」「時を以て輸賦し、正法に依りて受用する」(48)(『諸法集要経』)。詩人アシヴァゴーシャが詠じているところによると、釈尊の父である浄飯王《じょうぼんおう》は、当然の額よりも以上の税を取りませんでした。また他人の財物を欲求しませんでした(49)(『ブッダ・チャリタ』)。しかしながら国王は税を取り立てなくても、仁政を布いているならば、おのずから富むようになる。

「他〔人〕の財物のうち他〔人〕の生〔活〕を資《たす》くるしなものの中において、貪る心を生ぜず。〔他〕人の生〔活〕を資くるしなものを求めざれども、しかも世間の人は自然に、珍奇にして国内になきものを〔王に〕奉献し、〔王の〕庫蔵は盈《み》ち溢る。しかるに諸の世間の非法の悪王、〔すなわち〕百姓を鞭打ち逼悩して索むる者には、遂にその一つもあることなし(50)」

とくに、国家機構の極めて簡素であった当時において、すでに、やたらに官職を多く設けて民衆の経済的負担を重くするのを戒めていることは、注目すべきでしょう。

「天子となる者は情《こころ》に恩怨を懐《おも》い、薄く賦斂《ふれん》(税金を分けて取る)をなし、その徭役《ようえき》を省く。官を設け職を分つも、繁多なることを努めず(51)」

この最後のことは、日本の古代において、聖徳太子がはっきり言っておられることです。官吏としては適任者を任命せねばならぬ、と。

「十七条憲法」の第七条ですが、「官のために人を求め、人のために官を求めず」。つまり、官職のために適任の人を求めよ。人のために官職を設けるということをしてはいけない。これは現代の日本の指導者にとって非常に耳の痛いことばであると、ある高級官吏のひとが言っておられました。これは在野の論客の立言ではなくて、聖徳太子自身のことばなのです。続けて申します。

「人には、おのおのその任務がある。職務に関して乱脈にならないようにせよ」と。

つまり、現実の社会は非常に複雑な構成をもっていて、各人の部署や職務はそれぞれ異なっている。それらが混雑しないで、それぞれの任務をはたすことによって、社会の動きがなだらかに進んでいくのです。

そこで指導的立場に立つ人は、人格的にも立派な人でなければいけない、ということを聖徳太子は説いておられます。

「賢明な人格者が官にあるときには、ほめる声が起こり、よこしまな者が官にあるときには、災禍や乱れがしばしば起こるものである」

社会制度がどのように変わろうとも、指導者が人格者でないと、その社会は必ず腐敗堕落し、やがて禍が起こるということは、過去の人類の歴史の示すところです。そういう立派な人間は現実にはいないのではないか、と言われるかもしれませんが、人が自ら反省し道理を考えることによって、適任者となりうる、と聖徳太子は言われるのです。

「世の中には、生まれながらにして聡明な者は少ない。よく道理に心がけるならば、聖者のようになる」

このように、適任者を得ることが大切であるということを、太子はしきりに強調しています。

「およそ、ことがらの大小にかかわらず、適任者を得たならば、世の中は必ず治まるものである。時代の動きが激しいときでも、ゆるやかなときでも、賢明な人を用いることができたならば、世の中はおのずからゆたかにのびのびとなってくる。これによって国家は永久に栄え、危うくなることはない。ゆえに、いにしえの聖王は官職のために人を求めたのであり、人のために官職を設けることはしなかったのである」

この頃、新聞を見ますと「行政改革の必要」うんぬんが言われておりますが、実はこれは昔からその必要は感ぜられてきたことだということが言えるわけです。

適正な租税とは

また民衆の経済的負担を軽くすることは、結局、国家を富裕ならしめる所以です。ある大乗経典のうちでは、国王は国民をして、法を守るようにさせることがその任務であるということを説いたあとで、

「すでに能くかのごとくに他〔人〕をして法に依らしむ。いかに況《いわ》んや、自身は法に随わずして行なわんや。かくのごとき王者は則《すなわ》ち財物を得ん。いかにして物を得るや。すなわち、決定して国土の中の一切の財物を六分して一を取るなり。これを以て、国土は則ち大富となる。正しく護るを以てのゆえに。

もし国にして大いに富まんには、王に急の事〔件〕あるとも、一切の人民は王を愛するを以てのゆえに、王に急〔の事件〕あることを知り、用うべき財物をみな悉《ことごと》く多く与う。これは、王者の第二の功徳にして、〔これを〕具足し成就せんには、かくのごとき王者は、正しく国土を護り、左右の軍衆は王を敬愛し、一切の方処にて王の善き名を称えん(52)」

と説いています。すなわち税率は、総生産額の六分の一にとどめておけ、というのです。租税が六分の一であるということは理想とされていました(53)。

以上の思想をバラモン教の徴税思想と比較してみましょう。当時の代表的法典である『マヌ法典』においては、「あたかも太陽が八カ月の間に、その光線を以て水を吸い上げるように、そのように王は王国からたえず税を徴集すべし。何となればそれが太陽に倣《なら》う

〔かれの〕誓戒であるからである」とあります。また叙事詩では、「世の中では他の人びとを苦しめることなしに、倉や軍隊を具現することはできない。それゆえに国王が〔緊急のときには人びとを〕苦しめて〔倉を満しても〕罪を得ることにはならない」(『マハーバーラタ』)といいます。あらゆる手段をつかっても、税を取り立てようとするバラモン教の政治思想に、仏教は正面から反対していたのです。

他方、人民のほうからいうと、納税の義務があります。脱税は非難さるべきです。「商《しょ》估《うこ》し販売するに、官税を輸《おく》らず盗みて棄て去らば(54)」、在俗信者の戒律を犯したことになります。ただし納税をすすめている場合は稀です。インド人の社会生活は村落共同体、カースト、宗教的共同体などを中核として動いていたから、インド人は国家意識に乏《とぼ》しかったのです。したがってインドの諸宗教も、こういう共同体に対する献身的奉仕、自発的寄進を強調してはいるけれども、国王に対する忠誠とか、納税の義務とかはほとんど説かないで、むしろ徴税の減免を勧奨しました。

国権と国家財産

徴税を軽減することに対応して、国の中で第一の有資産者としての国王が、人民のために自己の所有する財産を施与《せよ》することが、とくに称揚されています。国王は、「富みて妙なる珍しき財あらば、窮乏なる人を賙済《しゅうさい》す」(55)（『四十華厳』）ということが理想とされ、ナーガールジュナ（竜樹）は国王に向かって、全財産をなげうってでも施与の実例を示せ、と教えています(56)（『ラトナーヴァリー』）。

施与（布施《ふせ》）を行なえば、その結果生ずる福徳は無量である。「内外の財を捨てなば、福徳の成ずるや、量りがたきこと虚空のごとし(57)」。財宝を集めても、それを蓄えないで施与してしまう人が最上の人間（上士）である(58)。王は財物を貪《むさぼ》ってはならぬ(59)。つねに施与を行なうべきである(60)。釈尊の父である浄飯王は、物を乞い求める者には、惜し気もなく与えたと伝えられています(61)。

ブッダ時代と同様に、この時代においても、人が死んで相続者がいない場合には、財産は国王の手中に没収されました。

「巨富長者に、唯だ一子有って、乳母にしたがいて行くに、大衆の中にて所在を亡失す。長者臨終のとき、この思惟《しゆい》を作《な》さく、「わが唯一子、久しく已《すで》に亡失せり。さらに余の（他の）子、父母親属なし。もしわれ一旦終没の後には、一切の財物を王が悉く取り去らむ(62)」と」

当時の国家においては、国土は国王の所有で、「領地」なのです。「王は国土を領するがゆえに人王と称す(63)」。各個人ないし各家族が土地を所有しているのは、収益のため一時的所有を認められているにすぎませんでした。伝統的保守的仏教の正統的見解によると、地中に埋没していた財は、その当該土地の所有者に属するのではなく、国王に帰属します。

「問う、もし伏蔵せられたる物を得たるとき、盗みの想いをなしてしかも自ら用いなば、かれはだれの処において(誰に対して)根本業道を得たるや。答う、〔かれは〕王の処において得るなり。大地の所有はみな王に属するがゆえなり。

また説者あり、「その田宅の所属せるものの処において得るなり。ゆえはいかん。かれはこの中において王に対する税利を被《こうむ》るゆえなり」と。〔されど〕かくのごとく説く者はいう、「王の処において得るなり。大地の所有は王を主となすがゆえに、その田宅の主は唯だ地の利を輸するのみにて、伏蔵せられたるものの利を〔輸するには〕非ざればなり」と。

問う、もし両国の中間に伏蔵せられたるものを取るとき盗みの想いをなせば、また、誰の処において根本業道を得るや。答う、もし転輪王の世に出現せる時なれば、〔転〕輪王の処に(おいて)得るなり。もし〔転〕輪王なきときなれば、すべて〔つみを〕得る処なし」(64)(『大毘婆沙論』)

当時の階位的社会の支配者階級の支持を受けていた伝統的保守的仏教は、このように当時の社会的通念を承認していたのですが、民衆の宗教として興起した大乗仏教はこれに対して修正的変革的見解をいだいていました。

国王が社会政策を実行し、貧民、難民の救済を実行するのは、当時のインドの社会通念によれば、国王が自己の所有する財産、あるいは自己に帰属する収入の一部を頒《わか》ち与えることでした。しかし大乗仏教ではさらにつき入って考えていました。すでにアショーカ王の詔勅の中に明確に表明されているように、国王といえども衆生の恩を受けています。国王が人民を恵み人民の利益をはかることは、人民に対する国王の報恩の行なのです。

したがって国土、草木といえども、国王はそれを自分のものとおもってはならぬ。それらはすべて、人民に向かって開放すべきものなのです。

「地水火風、野菜および林樹のごときものも、他〔人〕の受用せんと欲するがごとくならしめん。願わくはわれ自ら忍受せん(65)」。これは、過去の日本で重要視されたような「普天の下、王土に非《あら》ざるはなし。率土《そっと》の浜、王臣に非ざるはなし」(『詩経』)という儒教思想とはちょうど正反対です。

のみならず、王に奉る貢物《みつぎもの》といえども、厳密な意味では王のものであると解することはできないといいます。ある大乗経典には、次のような問答が記されています。

問　国内の人民が王に奉るべき貢物は、王のものか、あるいは他人のものか。

答　それは、王自身のものではなく、他人のものでもない。何故か。他人である人民が自分の手によって作り出したものであるから、王自身の所有物ではない。また王以外の他人の所有物ではない。何となれば、王が人民を護ることによって出来上がったものであるから。ゆえに、生産物の中で王に奉り王が得べき部分は、王以外の他人の所有物であるとも言えない。

問 しからば、人民が王に貢ぐべき物を貢がないならば、王の物を盗んだことになるか、ならないか。

答 王の物を盗んだことにはならない。しかしその人民は、貪り惜しんで王を欺き貢物をなさないのであるから、無量の罪を得る。王に貢ぐべき物を王に貢がないのであるから。

問 しからば国内において貢ぐべきものを、人民が貢ごうとしない場合に、〔国王の官吏〕が鞭《むち》や杖《つえ》で打ったり責めたりして人民の物を取ったならば、それは強奪(劫奪)ということになるか、ならないか。

答 それは強奪ということにはならない。王は権力を以て人民をその災難から護り、人民をして各自の業に安んぜしめているから。ゆえに〔国王の官吏は〕王に貢ぐべき物を取り立てても差し支えない。

問 しかし貧窮な人が王に貢ぐべき物を課せられても、その物がない場合がある。そのとき強《し》いて鞭打ちを加えて、その物を出せと責め立てる場合には、強奪となるか、ならないか。

答　ある人びとについては強奪ということになるが、また他のある人びとについては強奪ということにはならない。すなわち、

(1)　もしもある人びとが怠けていて、家業を勤めないで非法なる邪淫《じゃいん》・樗蒲《ちょぼ》・棊博《きばく》などの戯に耽《ふけ》っていて、財物を他人にとられたために貧窮となっているのであれば、これらの人びとを王が鞭打って責め立てるのであれば、たとい人民が他人から物を借りて王に納めるのであっても、それは強奪とはならない。何となれば、その人はもはや非法の事を行なって財物を失うということがなくなるから、王も人民も共に利益を得ることになるからである。すなわち王は庫《くら》がみち足りることになり、また人民は生業を全うして、罪なきものとなるから。

(2)　しかしながらある人民については強奪したということになる。もしも人民の家業が賊のために奪われ、あるいは詐《いつわ》った親しい人に奪われ、非法な王に奪われ、失火のために焼かれ、暴風、疾雨、飛沙、雹石《ひょうせき》のためにその家業が壊され、あるいはその時の住処が安穏であることができず、人民が四方に散じ、家族を失い、あるいは虫螟《ずいむし》、雀、鼠《ねずみ》、鸚鵡《おうむ》が五穀を食いつぶし、あるときにはまた旱天、不作、洪水にあって収穫が得られない、というような縁のために家業が立たず、財産が壊尽した場合には、これらの人びとに対しては、王は当《まさ》に黙然としていなければならない。税を納めるよう責め立ててはならぬ。もしもか

れらから物を取り立てたならば、それは強奪となる。何となればこの貧窮な人を慈愍《じびん》しないのであるから、「人民を守護する」という王の職務を身に具えていないことになるからである。こういう人びとを打ち責めてはならない——と。(66)

税の帰属に関する対論は以上で終わっていますが、ここには当時の王権のあり方を正当と見なす所有観念に対して、明らかに批判的な意図を認めることができます。

6 理想的帝王の条件

理想的な帝王について大乗仏教は、次のように語っています。

「食物を求める人びとには食物を与えた。飲料を求める人びとには飲料を、衣服を求める人びとには衣服を、花を求める人びとには花を与えた。同様に香料、花輪、塗料、粉末、被服、傘、旗、宝石の飾り、座席、寝台、宮殿、寺院、庭園、遊園、苦行林、馬、象、車、歩兵、対《つい》になった車、乗物でも、黄金、宝石、真珠、瑠璃《るり》、螺貝《ほら》、石、珊瑚《さんご》、銀でも与えた。自分の宮殿の後宮や眷属《けんぞく》でも、すべての宮殿でも、開いて、分けて、求める人びとに与えてしまった——「誰でも欲しいものをもってゆけ」といって。聚落を欲する人びとには聚落を与えてしまった。村を欲する人びとには村を与えてしまった。都市を欲する人びとには都市を与えてしまった」「かれはすべての人びとに平等な態度をとり」「一切のものを捨て去ってしまった(67)」「財の増減を畏《おそ》れず、また未だかつて慳悋《けんりん》ならず、その心は須弥《しゅみ》〔山〕の如し(68)」。国王は臣下に対して、慰労の言を発し、論功行賞を行なって、臣下の心を収攬《しゅうらん》し、「群臣を労《ねぎら》い、賚《たまもの》を与え」、また自己の庫の財宝を散じて、能《あた》う限り「一切の貧窮孤露(孤独)なるものに給施する」。そうして国王は、「正しく化《みちび》く法を以て世間を恩養する」ならば、遂に「世間に敬愛せられる」に至るのである(69)。

「戒〔律〕と智〔慧〕とを伴い、勇猛にして施〔与〕を行ずることを楽《ねが》わば、人民の称賛を得(70)」、これに反して、もしも国王が施与を行なわないならば、国王の徳を傷つけることになる。「もしこの主にして賄《たから》を悋《おし》まば、〔そのことは〕王の衆徳を害す(71)」と。なお、施与を行なう場合には、つねに「平等」でなければなりません(72)。

ところで国王は、人民一般に向かって施与を行なうばかりではなくて、とくに貧民の救済に努めなければならぬということが、しきりに教えられています(73)。「応《まさ》に福田(福を生ずるもとのもの)に施して窮乏を済《すく》うべし(74)」「理想的な国王は貧賤を愍哀《あわれ》む」。そうして「己を忘れて群生を済い、率土に貧乏なき(75)」ことをめざしました。だから種々の仕方で施与を行なって、貧乏な人が国内にいないようにしなければなりません(76)。

当時の仏教徒の見解によると、民衆が貧窮で生活に苦しむということは、結局、一切の害悪の根源です。だから、この根源を除去しなければなりません。そうすれば、良い世の中が実現します。

「貧窮薄幸なる者は自ら活《い》くること能わず、すなわち劫盗を行なう。〔そのために〕あるいは財物の主に害せられ、あるいは財のために他〔人〕を殺し、あるいは詰問せられて、『〔自らは〕なさざりき』と妄言す。かくのごとき次第にて十の不善をなす。皆貧窮なるによってのゆえになすなり。もし人が五欲具足《みちた》らば、則ち欲するところ意に随《したが》う。しからば十の不善を行なわず。菩薩の国土の衆生《しゅじょう》は豊かに〔安〕楽にして、自ら恣《ほしいまま》なるも、乏しく少なきところなし。しからばもろもろの悪なし。ただ愛慢などの軟なる結使（煩悩）あるのみ[77]」（『大智度論』）

「菩薩は思惟す、衆生が布施せざるがゆえに、後世貧窮なり。貧窮なるを以てのゆえに、劫盗の心生ず。劫盗を以てのゆえに殺害〔をなすこと〕あり。〔また〕貧窮を以てのゆえに、〔女〕色足らず。〔女〕色足らざるがゆえに、邪淫を行なう。また貧窮を以てのゆえに、人の下賤となる。下賤にて畏怖して妄語を生ず。かくのごときものどもは、貧窮の因縁のゆえに十不善道を行なうなり。もし布施を行なって〔衆〕生に財物あらば、財物あるがゆえに非法をなさず。何を以てのゆえに。〔何となれば〕五欲充足して乏短《とぼし》きところなきがゆえに[78]」

このような見解はすでに原始仏教以来、表明されているものです。貧者を蔑視するということは、誤った観念です。(79) かれらをなおさら哀れまなければなりません。

またそれと同様な意味において、孤独な人びとをも、哀れまなければなりません。「世間の、子なく〔あるいは〕孤露の人に、〔かれらの〕ために子の相を与う(80)」。善財童子が教えを受けた無厭足王は、「その孤なるものと弱きものとを〔愛〕撫す(81)」といいます。「老幼と孤《こ》惸《けい》とを護育して安楽ならしむ(82)」。ナーガールジュナは、国王に向かって「盲人、病人、不具者、貧人、孤独者、乞食者――かれらすべてに飲食物を平等に得せしめよ。怒らせることなしに(83)」と教えています。

「世尊よ。わたくしは今後、人びとの保護者なき者、監禁された者、拘束された者、病に悩める者、苦しみ、貧困、窮乏、困難している〔哀れな〕生活者を見たならば、彼らを救《きゅう》恤《じゅつ》せずしては一歩も退きますまい。〔いな〕世尊よ、わたくしはさような苦しみに悩む人びとを見たならば、それらの苦しみから免れさせるために、貯蓄した財産を以てかれらを幸福にしてから、わたくしが立ち去りましょう(84)」というのが、勝鬘《しょうまん》夫人の十大願のうちの第八です。

また宗教家すなわち道の人、バラモンなどに布施することも功徳があると考えられました(85)(『正法正理論』)。理想的な帝王である転輪聖王は、如来、諸菩薩、高僧、修行者、塔ないし一切の貧窮孤露なるものに施しをなすといいます。(86)そうしてこういう恩恵は、他の国王の国土に住んでいる人びとにまでも及ばなければなりません。

「たといかれらが乞い求めなくても、また他の王国に住むとも、法を守っている者どもに、それぞれ相応した恩恵を垂れよ(87)」

このような理想を実現するためには、つねに民衆の生活に注意しなければなりません。

「大王よ、国中を、村里を、注意して巡《めぐ》り歩け。そこで見、かつ聞いて、それからそれを行なえよ(88)」

かなり後世の所伝ですが、昔のある理想的な「大国王」の行蹟として、ある物語のうちには次のように伝えています。

「民を理《おさ》むるに慈を以てす。己を〔みなすごとくに〕恕《おもいや》りて、かれを度《ど》す。月々に巡行して貧乏を救済し、鰥寡《かんか》(寄るべない人)と疾《や》めるものとに、薬、糜粥《かゆ》を〔あたう〕。出でて巡狩するごとに則ち命じて、後車に具《つぶ》さに衆宝、衣被、医薬を載せ、死者あらばこれを葬る。貧民を観るごとに輙《すなわ》ち自らを咎責《きゅうせき》す——「君が貧徳なれば民が窮《くるし》む。君が富徳ならば民家は足る。いま民貧しきは則ちわれ貧しきなり」と。王の慈しみ、かくのごとく、〔その〕名は十方に被れり(89)」

賢明な大臣は、「王から遊園を貰い受けて、そこに生ずる花や果実を以て、都における有力者を手なずけた。……市内においても何びとでも、洩らさず、食物や衣類を与えた。宮中の召使や馬や軍隊に残りなく施し物をした。外国から来た諸《もろもろ》の使者には住居などの世話を、諸の商人には税金の割当てを、すなわち一切の為すべきことをかれ自ら行なったのである。……都市における宮城の内外の一切の人びと、国民、外事人を、あたかも鉄の帯を以てのように、それぞれの愛護(摂事《しょうじ》)によってまとめて、手なずけた。かれはすべての人びとに愛され、喜ばれた(90)」。

人民の心をまとめ、人民と一体になるためには、国王は、四つの愛護をもってするのでなければなりません。その四つというのは、(1)施与と、(2)親愛なことばと、(3)利他的行為と、④適切な協力とです(91)。

そうして道徳の実行ということが、おのずからゆきわたるのでなければなりません。五戒をたもつことをクルの国法とよんでいます。それはクル国のインダパッタの王が守っていましたが、やがてカリンガ国にも及びました(92)。

ただ具体的に法を説くしかたとしては、法の永遠性を主張するために、それが大昔から行なわれてきたものだと考え、現在は堕落した世の中だと考える傾きがあります。未来の悪い世の中を予言していいます。

「この結果は将来に、正義のない王たちの時代に起こるであろう。将来に、正義のない貪欲な王たちは、学識あり慣習に通じ仕事を完遂しうる大臣たちに、名誉を与えず、公会堂においても裁判の場合でも、学識あり法律に通じた老練な官吏を立たせないで、かえってそれと反対に若輩たちに名誉を与え、こういう人たちを法廷に立たせる。

かれらは司法官の政務を知らないので、その名誉を挙げえず、政務を遂行しえず、無能なかれらはついに公務の軛《くびき》をすててしまう。老練賢明な官吏たちは、名誉を得ていないので、たとい政務を果たすことができたとしても、「こんなことはわれわれには用がない。われわれはもう部外者となった。内部の若者たちが知っているであろう」といって、起こってきた用務に手を出さない。このようにして万事について、これらの王にとって損失となるであろう(93)」

現在堕落した世相に言及するのに、過去の宗教的偉人の予言というかたちをとって述べるのは、インドの諸典籍に共通な傾向であり、右の一節も実は当時の世相を述べているのです。

7 日本人のアイデンティティ

ところで、昔からのよい習慣、慣習、あるいは伝統を失うかどうか、保存できるかどうかということは、今われわれの当面している問題です。われわれは、日本の過去からの伝統に対して、どういう態度をとるべきであるか。日本人自身のアイデンティティはどこに求めるべきでしょうか。

仏教には「永遠の理法」という観念がありました。昔からのよい習俗、習慣は不必要に改めてはならないが、しかし「理法」自体は柔軟性のあるものであるということを先に申し上げました。

こういう原則、立場に立って考えてみますと、戦後の国民は、どうも理由もないのに旧来の文化的伝承から遮断《しゃだん》されているのではないか。のみならず、政府によって、間違ったことを押しつけられているのではないか。

古きよき伝統の破壊

これはわたくし、ものを書く人間として始終感じているのですが、たとえば現代の教育では、ウィズダムのことを「知慧」と書いたんじゃいけないんで、「知恵」と書くように、政府とか教育機関とかジャーナリズムによって強制されています。しかし「恵」という字はどこまでも「めぐむ」という意味でありまして、「知恵」なんていう変なことばは、諸橋轍次先生のあの厖大《ぼうだい》な『漢和大辞典』のどこにも出ていないのです。何十万語という巨大な語彙《ごい》集成の中に出ていないような誤った字をなぜ強制するのでしょうか。

また英語のアンダスタンドの意味なら「解る」という字を使いますね。ところが今の学校教育では「分かる」という字を使わせている。「分かる」と書かせる。しかし諸橋先生の大辞典を見ても、「分」の字に「わかる」という読み方はありません。古来の日本語にないような読み方をなぜ強制するか。もし「解」という字が難しすぎるというなら、ひらがなで「わかる」と書けばいいじゃないですか。

それから「坐る」ですね。座席の「座」、これを今の教育では、混同しているというか逆に教えている。動詞の「すわる」というときは「坐る」のほうです。座席のときは必ず「座」のほうです。誤った漢字の用法を強制するということは、文化破壊ではないでしょうか。

こういう文化破壊の態度は、地名の改廃の場合にも顕著です。地名というものは、古来の歴史的背景をになったものであり、地名の中には、われわれの祖先の精神が生きています。ところが政府は、それを破壊して、歯の浮くような薄っぺらな地名をつけてしまいました。郵便配達に不便を感ずるというならば、郵便配達のためには、コンピュータで全部背番号をつけて統一してしまえばよい。なにも歴史や伝承を破壊する必要はないと思うのです。

さらに法律の力によって、伝統の破壊が行なわれているように思われます。若干の識者が指摘するように、非常に具体的な例を申しますと、相続税の過酷なこと世界一。家に何も残らないようにする。法律家や政府が家の伝統を破壊してしまったような気がするのです。たとい道徳的には権利が認められ難くても、法律的に権利が認められるならば、人びとは強く自己を主張します。

家の伝統を認めないという点では、日本の政府は、共産主義の中華人民共和国よりもっとひどいと断言していいと思います。その行きかたは民衆の間に残っている生きた伝統を破壊することになる。

なぜ伝統の破壊が堂々と行なわれているか。それは恐らく、敗戦ということが日本人にとっては初めての経験であり、戦争に敗けたのは過去の日本が悪かったからだと考えて、じゃあ昔からのことは全部やめてしまえと、短絡的に結論を出したためじゃないでしょうか。

これをドイツと比べてみると非常に違います。ドイツ人はもう敗戦には慣れっこになっていますので、「ああ、また敗けた」くらいにしか考えていない。だから過去からの文化的伝統に対して、かれらは強い誇りをもっています。ところが日本の指導者にはその誇りがなかった。

いま戦後の見直し、総決算ということが叫ばれていますが、まず見直されるべきは、強権をもって行なった文化破壊であると言っていいでしょう。

それと同時に現在の経済発展が、わが国の伝統を無言のうちに破壊しつつあることも忘れてはいけないと思います。よく言われますように、日本における産業の空洞化というのが進んでいます。そうすると、そこで単身赴任が多くなり、子を育て教育すべき立場の人びとが外国に駐在し、家族は日本に残れば、父から子への精神的伝統の継承が行なわれなくなります。

企業の工場が外国へ移動するということは、現地人を採用することでしょう。そうすると、それだけ日本内地の失業者が増えるということになります。ことにその場合には年長者、老人が真先に失職することになる。ではこれからの年長者、老人が、若い青年、こどもたちに伝統を教え、教育し、継承させたらいいではないかと考えられるかもしれませんが、現代の若い者は、年長者を尊敬するという気持ちがないからバカにしてしまって受けつけない。いわんや老人が失業者であれば、もう耳を傾けるということはしません。だから企業の収益追求の論理というものが、結果的には文化的伝統を破壊しつつあることになる。

以上は、現在行なわれている伝統破壊の問題について言及しましたが、次に過去に破壊された伝統の復興の問題が、やはりあると思います。

その一例として、日本美術の空洞化ということが言いうるかと思います。つまり日本の絵画、工芸品などの立派なものは、もうみんな外国に買い占められておりますね。名品を見ようと思ったら外国へいかねばなりません。外国の美術館、博物館には日本の素晴らしいものがあります。単に英米だけではありません。インドのオーランガーバードのニーザムのつくった美術館、博物館があるんですが、あそこには薩摩焼の豪勢なものがずらっと並んでいます。私はあんな立派なものは日本では見たことがありません。こういうようなことを、そのまま放っておいていいのかどうかということです。

わたくしは以前に文化庁から、文化庁が扱っているような問題について書けと言われました。そこで、私が手がけておりますパキスタンあたりのことを書きました。昔はそこでリグヴェーダの歌が何千年も前につくられたのです。それからガンダーラ美術もそこでつくられたわけです。ところが、いまはそういう伝統はすっかり消えています。これは、受け継いで、伝える人がいなくなったからです。そうすると、日本でも同じことが起こりうる可能性があるわけです。それに関連して、次のことを申しました。

立派なものが向こうへいっているということです。絵画でも、見て、外国の人がわかって評価しうるようなもの、いいなぁと思うものは、それは向こうへ置いておいてもいいのです。外国人もわかりますから。けれども、立派な絵画に添え書きがありまして、詞書《ことば》きがあるものがある。非常に文化的価値のあるものが向こうへいっているわけです。わたくしでも読めません。あれは外国人の人が見ても読めやしません。

話はちょっと脱線しますが、日本の立派な書物のコレクション、あれはみな外国の大学が買い占めて、向こうの大学とか図書館へと持っていく。読める人がいないものだから、もう地下室にぶち込まれています。整理ができないわけです。もう実際嘆かわしくなります。向こうの人が理解できないようなものは、日本に買い戻したらいいだろうと思います。まだ日本の経済が没落しないうちにと、そう書いたのです。それを文化庁に渡しましたら、文化庁からクレームがつきました。つまり、こんなことも私は書いたのです。

いま日本では争って、外国の美術品を買い占めている。一流品だか三流品だか知らないがと、そういうことをちょっと付け加えたのです。そういう点にクレームがつきました。つまり、文化庁の公の機関で、そういうような意見を発表すると、諸方の美術館、博物館でやっているポリシーを非難したことになると。だから、そこをなんとか、と言われるのです。

わたくしは申しました。この二〜三の文章を削ったら、わたくしの文章は死んでしまうわけです。これは文化庁としての論文ではなくて、個人中村元が言っていることだからいいのではないですかと、そう申し上げました。そしたらまた文化庁のほうでも評議をされ直しまして、結局いいということで、そのまま出してくださいました。どこかから文句がくるかなと思いましたが、どこからも文句がきませんでした。そういうような一幕もあったのです。

個人と責任

また国王の問題に戻りますが、国王は国の法を実現するべきであるとともに、国王個人の日常生活も道徳的でなければならない。人民は国王を範とするのであるから、国王は人民の亀鑑《きかん》であらねばなりません。「かれがもしも法にかなわぬことを行なうならば、他の人びとはなおさら〔法にかなわぬことを行なう〕」「かれがもしも法を行なうならば、他の人びとはなおさら〔法を行なう〕」(94)。王自身も五戒を守らなければなりません。そうして「王として守るべき一〇の法を害《そこな》わないで、正しい法によって政治を行なわねばならぬ」といいますが、その「一〇の法」とは、施与、戒律、捨離、正直、柔和、修養、不瞋、不害、たえ忍ぶこと、逆らわぬことであるといいます(95)。

この一〇のさだめは、古くから伝承されている韻文の中に説かれているものであり、単に人間としての美徳を数え立てているだけにすぎませんが、それを後世の編纂者がとくに王が個人として守るべきさだめと解したのです。ゆえに当時のインド人の見解によると、人間として守らねばならぬ徳は同時に国王も遵守《じゅんしゅ》すべきであり、而《しか》して国王が徳を具えた人であるならば、おのずから善政が実施されると考えたのです。

それから王の官吏についての心がけを規定しているところは、まだ仏典には見つかりません。どこまでも国王中心に教えているものですから。ただ、人間一般が守るべきその徳は、やはり国の偉い人びとも守るべきであるという論理だと思います。善いことをすれば、いつかは善い報いがくるし、悪いことをすれば、いつかは悪い報いを受けるということは、しばしば説かれています。

「『その報いはわたくしには来ないだろう』とおもっても、悪を軽んずるな。水が一滴ずつ滴《したた》りおちるならば、水瓶《みずがめ》でもみたされるのである。愚かな者は、水を少しずつでも集めるように悪を積むならば、やがてわざわいにみたされる(96)」

「こんなことはわかりきっている。おれはそんな悪いことはしていない」と読者の方には言われるかもしれない。しかし、やはり考えるべき問題を含んでいます。

必ずしも水を計量するようなわけにはいきませんが、善いことをすれば、いつかは善い果報がくるし、悪いことをつづけていれば、いつかは悪い報いを受けるということは、一般的傾向として言えるでしょう。

その場合に、善いこと悪いことをする主体は一個人です。その結果としての報いを受けるのも一個人です。さらに幾人かが共同で何らかの行為を行なったとき、その報いを共同で受けるということもありますが、これを仏典では共業《ぐうごう》、すなわち共通の行為と呼んでいます。けれども原則としては、やはり行為主体は個人です。

近年では西洋からの影響を受けて、個人の自覚が強まったと言われていますが、すべての面でそう言えるかどうか。どうかすると個人の責任を抹消するような方向に進んでいるのではないでしょうか。

たとえば、官庁の書類なんか見ますと、あらゆる階位の方が、みんなハンコをつき、ハンコをつくだけに時間をとり、結局誰が責任者なのかわかりません。素人のわたくしにはよくわかりませんが、政府の農業政策が失敗して、農民から苦情が出たというような話を聞くことがあります。その際に、責任をとるということはなされたのでしょうか。

昔は、責任を自覚していたというか、少なくとも自覚したと言い切る役人がおられました。わたくしの思い出を述べさせていただきたいと思いますが、大正一三年、関東大震災のあとで、わたくしが通学していた小学校で校舎の増築がなされ、竣工《しゅんこう》後に市役所だか区役所だかの丸顔ででっぷり肥った建築関係のお役人が教室に見えまして、こういう挨拶をなされたのです。

「この校舎は、関東大震災のような大地震にあっても絶対に大丈夫です。もしも何か起こったら、わたくしは切腹して、みなさんのご両親にお詫《わ》びします」こう断言されました。「切腹」と言われたので、わたくしは幼心にもびっくりしたことを、まだ覚えています。それから六〇年経ちまして、今ではそんな挨拶をされる時代がかった方はおられないでしょう。書類ばかり作って、誰も責任をとらないことを民主主義というのでしょうか。旧幕時代には、士がテキパキと事を処理して、事務も簡単でした。しかし、かれらは決して責任を回避しませんでした。いざというときには切腹したのです。責任を取ったのです。

さらに歴史的に遡《さかのぼ》れば、東洋人は漢の高祖の「法三章」というものを称えています。秦の始皇帝の帝国でつくったあらゆる法律を全部やめてしまって、三カ章だけ残したといいます。「人を殺す者は罰する」「人を傷つける者は罰する」「物を盗む者は罰する」この三カ章だけで、あとは法律全部やめてしまったといいます。これは本当かどうか、歴史的事実かどうか、若干、専門家のあいだでも論議があるようですが、そういうのがわれわれ東洋人の理想だったと思います。

いまの日本がこういうふうになったというのは、必ずしも西洋の影響ではないと思います。西洋のほうがもっと、こういう行政事務というか、統制機構は簡単だと思います。いったい、ではどうしてこんな日本があらわれたのか、これはご研究願いたいと思います。

8　ミリンダ王の問いと十七条憲法

次に根本的な問題に移りますが、思想問題について、世の中にはいろいろな異なった思想をいだいている人びとが存在します。この事実は率直に認めなければいけないと思います。

仏典にでておりますが、

「世の中には、多くの異なった真理が永久に存在しているのではない。ただ永久のものだと想像しているだけである。かれらは諸々の偏見にもとづいて思索考究を行なって「〔わが説は〕真理である」「〔他人の説は〕虚妄である」と、二つのことを説いているのである」(97)

いかなる時代においても、種々の異なった哲学や宗教が、たがいに相対立し、矛盾抗争していました。ゴータマ・ブッダの出現した当時のインドにおいても事情は同様でした。思想界の情勢を見るに、唯物論もあれば、観念論もある。一方では快楽論、道徳否定論が説かれるとともに、他方では苦行に専念する行者もいました。また真理は結局わからないものだ、といって、懐疑論におちいる人びともいました。こういう事実をゴータマは注視し反省しました。

「ある人びとが「真理である、真実である」と言うところのその〈見解〉をば、他の人びとが、「虚偽である、虚妄である」と言う。このようにかれらは異なった執見をいだいて論争をする。何ゆえに諸々の〈道の人〉〈哲人〉は同一の事を悟らないのであろうか？[98]」

ある人びとが「これこそ真理である、真実である」と主張しているその見解を、他の人びとは「その見解は虚偽である、虚妄である」といって排斥しているのです。

「ある人びとが「最高の教えだ」と称するものを、他の人びとは「それは下劣なものである」と称する。これらのうちで、どれが真実の説であるのか？　かれらはすべて自分らこそ真理に達した者であると称しているのであるが[99]」

しかしよく考えてみると、真理なるものは一つしかないはずです。

「真理は一つであって、第二のものは存在しない[100]」

ところがいろいろに見解が分かれるのは、かれらが偏見を持っているからです。

「偏見や伝承の学問や戒律や誓いや思想や、これらに依存して〔他人の説を〕蔑視し、〔自己の学説の〕断定的結論に立って喜びながら、「反対者は愚人である、無能な奴だ」と

いう」(101)

なぜこのようなことが起こるのか？　それはかれらが偏見を固守して、おごりたかぶっているからです。

「かれは過《あやま》った妄見をもってみたされ、驕慢《きょうまん》によって狂い、自分は完全なものであると思いなし、みずから心のうちでは自分を賢者だと自認している。かれのその見解は、〔かれによれば〕そのように完全なものだからである」(102)

たとえ自分の見解が絶対に正しいと信じている場合でも、なおそれに対する反対論がある場合には、なぜ、あのひとはこのようにしつこく反対するのか？　自分の見解に誤りがないかどうかということを、反省してみる必要があるのではないでしょうか。

このような反省は、支配者、統治者の場合には、とくに必要であると思います。そして、このような寛容の精神にもとづいて、はじめて論議を尽くすことが可能となります。この原則を明示した有名なことばがあります。

「賢者の対論においては、解明がなされ、解説がなされ、批判がなされ、修正がなされ、区別がなされ、こまかな区別がなされるけれども、賢者はそれによって怒ることがありません」(103)(『ミリンダ王の問い』)

西紀前二世紀にギリシア人でバクトリアの王さまでありましたミリンダ王という人が、

アフガニスタンからインドのほうへ侵入しました。そこで仏教の長老であるナーガセーナと、いろいろな仏教教理の問題について対談しました。その対談がパーリ語で『ミリンダ王の問い』、漢訳の『那先比丘経』として今日に残っています。この二人はいろいろの問題について対論したのですが、ナーガセーナ長老は、対論を開始する前にまず一本、次のように釘《くぎ》をさします。

「大王さま、もしもあなたが〈賢者の論〉をもって対論なさるのなら、わたくしはあなたと対論するでしょう。けれども〈王者の論〉をもって対論なさるなら、わたくしはあなたと対論いたしません」

というのです。

その二つのどこが違うのか。そうするとナーガセーナ長老はこう答えるのです。

「大王さま。賢者の対論においては解明がなされ、批判がなされ、修正がなされ、区別がなされ、こまかな区別がなされるけれども、賢者はそれによって、怒ることがありません。賢者は実にこのようなしかたで対論するのです。大王さま。しかるに、実にもろもろの王者は対論においてひとつのことをのみ主張する。もしもこのことにしたがわない者があるならば、「この者に罰をくわえよ」、といってその者に対する処罰を命令する。実にもろもろの王者はこのように対論するのです」

そこでギリシア人の王さまであるミリンダ王は明言します。「尊者よ。わたしは賢者の論をもって対論しましょう。王者の論をもって対論しますまい。尊者は安心し、うちとけて対論しなさい。たとえば尊者が比丘《びく》(修行僧)、あるいは沙弥《しゃみ》(見習いの小僧)、あるいは在俗信者、あるいは園丁と対論するように、安心してうちとけて対論なさい。おそれなさるな」

そこでナーガセーナは、「大王よ。よろしい」といって同意して、二人のあいだではあらゆる問題について論議が開始されたのです。

自分の思想と対立する反対の思想に対する寛容の態度がないところに、対論は成立しません。思想上の対論が権力者によって弾圧されるとき、思想の正当な理解と発展はありえないのです。

現代の社会においては、権力者としての国王なるものは、次第に姿を消してきましたが、その代わりに金権によって圧力を加えるとか、多数者がごく小人数の人びとを取り巻いて脅迫し、威圧を加えるということが多くなってきました。

思想の自由と反対説にたいする寛容ということは、インド思想のもっとも重要な特徴でありましたが、ナーガセーナ長老は、ここでもこの伝統を守ろうとしているのです。

他人の意見に耳を傾けなければならぬということは、わが国では聖徳太子の説くところでした。「十七条憲法」の第一〇条です。

何か一つの事業や企画を行なおうとする場合に、他の人びとと意見の相違がしばしば起こります。その場合に、「おれの意見に逆らうとはけしからん」といって怒ってはなりません。事を討論して適切な解決に到達することは、「われもひとも、共に凡夫なるのみ」という人間の相対性の自覚によってのみ可能である、というのです。

怒りを去って平静に和の気持ちをもって論ずるならば、事理はおのずから通じます。このような立場をたもつことによってこそ、会議による決定ということも可能となります。

「忿《ふん》(こころのいかり)を絶ち、瞋《しん》(おもてのいかり)を棄て、人の違《たが》うを怒らざれ。人みな心あり。心おのおの執るところあり。彼らが是《よし》とすれば、則ちわれは非《あし》となす。われが是とすれば、則ちかれは非となす。われ必ずしも聖《ひじり》に非ず、かれ必ずしも愚《おろか》に非ず。共に是《こ》れ凡夫(ただひと)のみ。是非の理《ことわり》、詎《なん》ぞよく定むべき。相共に賢く愚かなること、鐶《みみがね》の端なきがごとし。ここを以てかの人は瞋《いか》ると雖《いえど》も、還《めぐ》ってわが失《あやまち》を恐れよ。われ独り得たりといえども、衆《もろもろ》に従って同じく挙《おこな》え」

人間の見解の相対性ということは、韓国の新羅《しらぎ》の学僧でありました元暁《がんぎよう》(六一七―六八七)が『十門和諍論』のなかで詳細に説いています。

聖徳太子が説いたような謙虚な自己反省ということは、さらにさかのぼると、インドではアショーカ王が説いています。

「ひとは一般に「われはこの善いことをなしとげた」といって、自分の善いことのみを見るのが常である。しかし「われはこの悪いことを行なった」とか、「われはこういう汚れ(欠点)がある」といって自分の悪いことを見ようとしない。ところで一方では、このことは実に自省しがたいことではあるが、他方では、実にこのように観察しなければならない。すなわち「粗暴、乱暴、憤怒、高慢、嫉妬のようなこれらのことがらは、汚れに導くものである。ねがわくは、実にわれはこれらのために滅ぼされないように」と」(アショーカ王の詔勅)

かれは武力によって広域国家を形成したことを誇っていたのではなくて、精神的内面的に自分を見つめるということをめざしていたのでした。

さて、現代のわれわれの問題として考えてみますと、自分を見つめ反省するということは非常に困難な課題ですが、しかし、他人がなにげなく洩《も》らすことばというようなものでも、貴重な反省のよすがになるのではないでしょうか。こういう態度をたもつことによって理想的な社会、そして国家ができます。

9 治安の維持と司法

仏教はもともと「争わぬ」ということを理想としています。したがって、転輪聖王のましますところには「諍訟なし」と言われています。しかし実際問題として、争いや犯罪のない世の中はありえません。そこで仏教徒も治安の維持ということを実際上考えねばならなくなります。

当時の国家においては元首としての国王と、その下に階位的秩序をなして位置し隷属している武士族の一群が、民衆に対して強権を行使していたのですから、国内の治安の維持および司法は、一に国王ならびに武士族の責任とされていました。こういう国家体制のもとに従属していた仏教徒は、当時の国家体制を攻撃するというよりも、むしろ階位的体制に即して民衆の利益を実現しようとしました。したがって、国王は国内の治安を維持して、人民を保護しなければならぬと説いています。

「倹難(険難)、賊難、返逆難、相害難に至るも、かくのごとき難の〔起これる〕とき、当に慈心を起こして、危害を避けずして、諸の衆生を護るべし」(104)

国家権力の正しい行使

その目的のためには、国王は権力を行使します。「王なる国主の力」[105]が世間を護持しているのです。国王は「法を具現する人」[106]です。国王は勧善懲悪をなすことによって、因果応報の理を現実に実現させます。国王は衆生の善悪の業の果報を現実に示してくれる人です。国王は国内に悪の行なわれることを防がなければなりません。[107]王は「能くもろもろの悪を制すること、鉤策《こうさく》を執るがごとし」「能く悪人を伏して、おわりにはそれをして同じく解脱に帰せしむ[108]」

『華厳経』によると、善財童子が教えを受けた無厭足王は、「法による化《みちび》きを宣布して衆生を調御し、治すべき者を治し、摂《しょう》すべき者を摂し、その罪悪を罰し、その諍訟を決す[109]」と言われています。そうして国王は悪人を国内に居住せしめてはなりません。[110]悪人に対しては、それぞれの場合に応じて処罰を加えるべきです。「〔おのが〕生命を捨つるも悪に堕《だ》することなかれ[111]」。

ところで、悪人を処罰するに当たっては、法に準拠しなければなりません。[112]処罰を適当に厳にしてもならず、またなおざりにしてもなりません。もしも国王が法を守らないならば、恐るべき結果を招くに至るということが、『金光明経』第一三章(正論品)のうちに詳説されています。すなわち、

「王が自分の領土の中に存する諸《もろもろ》の悪行を看過して、悪人に対して種々の刑罰を加えないときには、悪行を看過したがゆえに、悪行が極めて増大する(113)」。

その結果として国土の中に偽りと闘争とが多くなる。そうして正法が失われている。そのとき王は法を守らないで非法の朋党に与《くみ》し、王者の義務を尽くさず、父祖に対しては、子としての道を尽くさぬことになる。親愛していた大臣たちは死に、不愉快なことばが叫ばれるようになる。宰相と群臣とが王に対して非法の行動をなすようになる。法を守らぬ人びとが尊重せられ、法を守る人がかえって罰せられる。不誠実な人が重んぜられ、誠実な人が軽蔑される。そうして神々の怒りを招く。

また戦乱が起こり、敵軍が侵略してきて国土も亡びる。大きな池が象に荒らされるように、国土は蹂躙《じゅうりん》される。家族は互いに離散し、ばらばらとなる。のみならず家族が互いに背反する。「以前の麗しかった感情、遊戯、笑い、歓楽と楽しかった集会は憂患に充ち、混乱するに至る(114)」

のみならず自然現象までもが異様となり、狂った様相を呈するに至る。「異様な風が吹き、降雨も異様となり、星宿と月日も常態を失する。穀物、華花、果実、種子が正しく熟さない。……飢饉が起こる。天界に在る神々(諸天)も喜ばなくなる(115)」。種々の羅刹《らせつ》の出現により、奇異な遊星と星宿とがあらわれる。そうして地味が消失し、飢饉が起こる。穀類、果実の甘美な味わいは失われる。
生きとし生けるものは、色が衰え、勢力減退し、力が弱くなる。身体の状況が思わしくなくなり、多くの食物をとっても充分に満足しえなくなる。疫病が流行し、有情《うじょう》は種々の病患に苦しむようになる(日蓮の『立正安国論』によれば、このような現象は、汚濁末世の相を示しているものです)。

故に国王は非常な決意を以て政治に当たらなければならない。「自己のために、他人のために、また領土に法を実現させるために、また国土の中における邪悪な人びとを制御するために、〔王は自己の〕生命と王位とを棄てよ。……非法を知りながら尋問しないでそれを看過してはならぬ[116]」

国王は一般に自己の政策を実行するに当たっては、断乎たる決断と勇気と熱意とをもたねばなりません。このことをマイトレーヤ・ナータは強調しています。

「計策に惰《おこた》りなく、武略円満にして、未だ降伏せざる者はこれを降伏し、已《すで》に降伏せる者はこれを摂護し、広く事業を営み、巧みに事業を営み、善《よ》く事業を持ち、善く事業を観じ、善く王門を禁じ、善く宮門を禁じ、善く府軍を禁ず。また俳優、伎楽、笑弄、倡逸《しょういつ》等の所において非量を以て財宝を費やさず、また博奕《ばくち》の戯れ等に甚だしく耽楽《たんらく》せず、また応《まさ》に与うべきものと、応に与うべからざるものとを善く観察し、勤めて僚庶において応に刑罰すべき者は、正しくこれを刑罰し、応に摂養すべき者は、正しくこれを摂養《せつよう》す(117)」

国としては、秩序をたもつために、悪人を処罰するということは、これは世の中に正しい人間の道を実現するためです。

ところが、現在、このことが充分に自覚されているかどうか、ひとつの問題があると思います。戦後の裁判所の判決の判例などを見ると、なにかすると悪人の人権は擁護されているが、そのために社会の一般の善人の人権が顧みられなくなる傾向があるのではないでしょうか。善人の人権を護るということのほうが、もっと大切ではないでしょうか。

また、現在の日本はアメリカなどに比べてみると、善人の自衛権ということが実際上認められていません。善人の生命をたもつための自衛権ということも、もっと考慮されるべきではないかと思います。

刑罰の目的

当時の国王は人民を拘禁することがしばしばでした。『観音経』から見られるように、人が足かせ、首かせをはめられて、くさりでつながれ、あるいはまさに死刑に処せられようとしても、観音菩薩を念ずるならば、その功徳によってこういう危難を免れるというのが、当時の仏教徒の希求でした。ここでは「罪あるも罪なきも」とにかく国王という厄介ものの災難から免れたがっていたのです。

そこでここに問題が起こります。仏教の政治論によると、慈悲の精神によって政治を行なわねばならないのに、罰すべき人びとを処罰するということは矛盾ではないか。罰を与えることは、けっきょく罰すべきその当該の人に苦しみを与えることにほかならないからです。この問題について、ある大乗経典には次のような解答を与えています。

譬《たと》えば父母に、行ない悪い子がある場合、父母は子を思う一念から、子を後悔させ改めさせようとして、方便によりその子に苦しみを与えて悪行を直させる。子の生命や身体を傷つけることなしに、他の方法すなわち打ったり叱《しか》ったりすることによって悪行を捨てさせ、二度と悪いことをさせないようにします。その際に、父母は決して非法を行なっているのではありません。また慈悲の心を失っているのでもありません。ただ子のことを思っているのです。

それと同様に、「法行」を行なう王も、悪行をなす一切の衆生を後悔させ、改めさせるために、かれらを幽閉し、打ち縛り、悪口呵罵《あっくかば》し、その財産を奪い、他の地方に駆逐したりします。しかしそれは大慈悲心に基づくのです。それによって、悪いことをなさないようにさせるのです。衆生を苦しめ悩ますのが目的ではありません。ゆえに、かの衆生の命を断ったり、身体を傷つけるようなことはしません。衆生を罰することと慈悲とは一見反対の点もありますが、実は矛盾しないのである、(118)と。

だから刑罰の目的は、他の経典によると、「悪人を変化し、治めて、みな仏道に向わしむ(119)」ということでした。刑罰に慈悲心が必要であるということは、ナーガールジュナ(竜樹)がとくに強調しています。

「かれら(官吏)が処罰、捕縛、鞭打等をなすときには、たとい理法にかなっていても、汝はつねにあわれみの心にうるおうて、恩情あるものであれ。

王よ。汝はつねにあわれみの念から一切の身体ある者どもに対して、たとい極悪人に対してでも、利益をなそうとする心を起こすべし。

極悪な暴逆人に対しては、とくにあわれみを起こすべし。かれらは実に偉大な人びとがあわれみをかけるべきものなのである

あたかも、不肖の子をわが子たるにふさわしいものにしようと望んで打つように、あわれみの念から打つことをせよ。憎悪の念からなしてはならない。利益を得ようとの念によってなしてはならない(120)」

だから刑罰を執行する者が、貪《むさぼ》りや嫉《ねた》みのような汚れた心を以てすることは、激しく非難されています。

「刑獄に典主たりて貪嫉もて心を覆い、衆生を打ち縛りてその飯食を禁じ、他〔人〕をし

て飢え渇きて泥土を噉食《くら》い、以て生命を続けしむところの、この典獄の人は、この因縁を以て、身壊れ命終わりて、火を食する餓鬼《がき》の中に堕《お》ち、つねに塚の間に至りて、屍《しかばね》を焼く火を噉食い、なお足ることを能わず[121]」

刑罰なるものは、悪人を教育して善人につくりかえることを、その目的としているのであって、犯罪行為に対する復讐あるいは応報をめざしているのではありませんでした。応報刑ではなくて、教育刑の思想的立場に立っていました。さればこそ、死刑および身体を傷つける刑罰を認めなかったのです。

およそいかなる国においても、叛逆罪は最も重大な犯罪として処断され、最高の刑罰を科せられるのがつねですが、『宝行王正論』においては、叛逆を企てた者に対しても、死刑を科してはならないといいます。「もしも人が叛逆を企てたならば、かれを殺さず、迫害せず、他の国土に擯《しりぞ》けよ。自己を見ること、敵を見るがごとくに厳しくあれ。恒《つね》に努力して「如法の事」をなすべし[122]」といって、国王はまず自己を反省し批判すべきことを教えています。

高い地位にいる官吏もまた同様に、同情にみちた態度をもたなければなりません。「菩薩もし王臣等の位に処し、貪賤人有りて毀罵恥辱せんに、終《つい》に卒暴にして輒《たやす》く威刑を示すことを〔な〕さず、「われ尊に居す、法応に訶罰すべし」とおもうて[123]〔威刑を示さず〕」

このように仏教の刑事思想においては、死刑も行なわず、また眼、耳、鼻、手、足、身体を傷つける刑罰をも行なわないことを主張するのであるから、そこで仏教の認める刑罰は次の三種類に帰着します。

(1)「呵責《かしゃく》」、今日いう譴責《けんせき》に相当します。

(2) その人の所有する「資生」すなわち財産を奪います。今日の没収あるいは罰金等に相当します。

(3) 牢獄に幽閉し、枷《かせ》や鎖でつなぎ、打ち縛し、呵罵し、駆擯《くひん》することです。今日の懲役、禁固、追放などがこれに相当します。

この三種の刑罰は、それぞれ上、中、下の罪に対してあてがわれるものです(124)。

寛刑主義

そうして、これらの刑罰に関しても、仏教の慈悲の理想にもとづいて、刑罰は寛大なるべし、と寛刑主義の立場をとっていました。国王は「暴悪」であってはなりません。たとえば、群臣が王の意に満たぬようなことをしても、それを認容し忍耐して、擯けたり左遷したり、叱りつけたりしてはなりません。また群臣が大きな失敗をしても、その封禄をすべて削り、その妻妾を奪い、重い刑罰を科すようなことをしてはならない、といいます(125)。

国王は「悪をなす者を見なば、打ち罵辱するも、終に命を断たず(126)」。したがって全然刑罰を行なわないというのではありません。

詩人アシヴァゴーシャの詠嘆している浄飯王(釈尊の父)の行蹟によると、かれは罪を犯した者を、たとい死刑に相当する者でも迫害せず、怒りも示さず、寛大な刑罰を与えました。何となれば、ただ無条件に放免することは、悪い方策であると見なされるからです。かれは多年の宿怨も捨て去ったといいます(127)。

ところで、仏教徒の主張するような寛刑主義は当時のインドにおいて実際に行なわれていたのであろうか、という疑問が起こります。しかし中国人の巡礼僧の旅行記から見ると、ある程度までは実際に行なわれていたようです。

西暦五世紀の初頭にインドを旅行した法顕三蔵の旅行記によると、ガンジス河以西のインド諸国の国王は、「みな篤《あつ》く仏法を信じ」ていました。その結果として王は治むるに刑斬を用いず。罪ある者に〔対しては〕、ただその銭もて罰するに、事に随《したが》って軽重あり。また謀って悪逆をなすと雖も、右手を截《き》るに過ぎざるのみ」(『高僧法顕伝』)。

また七世紀の前半にインドを旅行した玄奘《げんじょう》三蔵の旅行記にも、同様の記事を記しています。

「凶悖《きょうはい》なる群小ありて時に国憲を虧《か》き、君上を危うくせんことを謀るものあり。事迹彰明なるときは、則ち囹圄《れいご》(牢屋)に幽《とら》うれども、刑戮《けいりく》せらるることもなく、その生死に任せて、人倫に歯《まじ》わらしめざるなり。礼儀を犯し傷け、忠孝に悖逆《はいぎゃく》するものあらば、則ち鼻を劓《そ》ぎ耳を截り、手を断ち、足を削る。あるいは駆って国より出し、あるいは荒裔《こうえい》に放つ。自余の咎犯《きゅうはん》は財を楡《いた》して罪を贖《あがな》わしむ」(『大唐西域記』第二巻)

しかし死刑廃止が完全に、インドのあらゆる国々で行なわれていたのではないという事実は、また当時の経典の文句のうちに反映しています。すなわち、ある経典によると、「古《いにし》えの聖王に順《したが》えかし。刑戮《けいりく》を行ずることなかれ。何を以てのゆえに。人道に生るるとは、勝れたる縁の感ぜしところなり。もしその命を断たば、定《さだ》んで悪報を招く(128)」とあります。人間の生命はそれ自身において尊い。何人もこれを奪ってはならぬ、と。この経典の作者は、むかしの聖王の時代には死刑が行なわれていなかったと考え、当時復活しつつあった死刑に抗議を述べているのでしょう。

総じて、仏教の盛んであった国家あるいはその時代においては、刑罰は軽く科せられるのがつねでした。たとえば、前に述べましたように、日本でも平安時代に死刑が行なわれなかったことなども、その適例の一つです。

慈悲の理想にもとづく仏教の刑法論は、刑罰に関する公平を期するという平等主義を超えて、貧者に対する特別の顧慮を示しています。たとえば、貧者が貧のゆえに罪を犯したのであるならば、それに対する刑罰を極めて軽くしてやらなければならない、といいます。ナーガールジュナは次のように主張します。

「捕縛せられた貧しい者どもを、毎日または五日ごとに放てよ。他のものどもをそれぞれ適当に放て。何人も放たしめないことがあってはならぬ。

その人びとを放免しないようにとの心が汝に起こるならば、その人びとについて汝は自制していないのである。その不自制からたえず罪業がつもる。

そうしてかれらが放免せられない間は、かれらの幽囚を安楽ならしめよ。理髪、沐浴、飲食物、薬、衣服を給すべし(129)」

当時国王に王子が生まれると、お祝いのために大赦が行なわれることがあったが、貧者に対する特別の恩赦が要請されているのは、貧困が一切の悪徳の根源であるという仏教徒の根本思想に由来する必然的帰結なのでしょう。

仏教の寛刑主義の根本にひそむ思想は、もしできることであるならば、刑罰を行なわないですむようになることを理想としていました。経典には、菩薩は「もし獄に繫《つな》がれたる衆生を見ては、もしくはみずから放ち、もしくは他〔人〕を勧めて放たしむ(130)」といい、鞭打たれ刑戮されようとする衆生を見た場合にも同様にするといいます。これは、国王は正しく処罰を行なうべしという主張と矛盾するようですが、仏教徒の理想として望んでいたところは、刑罰をまったく行なわぬことであったのでしょう。

そこで刑罰の執行ということを、仏教徒は、必要にして不可避なる悪と考えていました。そうして、それはどこまでも悪であると考えていました。この事情は、次の問答がよく示しています。

「問うて曰く、もし世に菩薩なくとも、世間にまた五戒、十善、八斎〔ならびに〕刹（帝）利（王族）等の大姓ありや。

答えて曰く、菩薩は、身を受くること種々なり。あるときは業の因縁による身を受け、あるときは変化《へんげ》の身を受けて、世間において教化し、諸の善法および世界の法、王法、世俗の法、出家の法、在家の法、種類の法、居家の法を説き、衆生を憐愍《れんびん》し、世界を護持し、菩薩の〔特別の〕法なしといえども、つねに世法を行ず。この因縁を以てのゆえに、皆な菩薩に基づきてあるなり。

問うて曰く、菩薩は清浄にして、大慈悲を行ず。〔しかるに〕いかにして世俗のもろもろの雑法を説くや。

答えて曰く、二種の菩薩あり。一つは慈悲を行じて直ちに菩薩道に入り、〔第〕二は敗壊の菩薩にして、また〔慈〕悲心あり。治むるに国法を以てし、利を貪るところなし。〔ひとを〕悩ますところありといえども、〔それによって〕安んずるところの者も多し。一の悪人を治(罰)して、〔その職務により〕以て一家を成す。かくのごとくに法を立つる人を、名づけて清浄の菩薩とはなさずといえども、敗壊の菩薩の名づくることを得。この因縁(わけ)を以てのゆえに、みな菩薩に由ってあるなり[131]」

すなわち直接に世人の利益となるようなことを実行する人は、「清らかな実践者」です。これに対して刑罰の執行というような悪を通じて、社会の粛正に貢献する人は、「くずれた実践者」である、というのです。

ところで、刑罰の執行という点で、今のわれわれ日本人として特に考慮すべきは、時間という問題です。現代の日本では時間という要素が忘れられています。この点では道元のことばに耳を傾けるべきでしょう。

「時すでにこれ有なり、有はみな時なり、丈六金身これ時なり、時の荘厳光明あり。いまの十二時に習学すべし」(道元『正法眼蔵』有時)

時間は人間にとって、大切な、本質的なものであるということは、いちおうだれでも知っていることですが、時間というものを、つっ込んで考えたという点で、わが国の道元禅師は独特です。かれによれば、時間は人間にとても大切な、本質的なものである。時間そのものがわれわれの実在である。一切の存在もまた時間である。仏の身体は、一丈六尺あるとか黄金より成るとか信じられているが、それは時間のことである。時間というものはそれほどすばらしいものであり、時間には特有のみごとさがある。この時間は、わが国でふつう言われている「ね、うし、とら、う……など」の一二のとき、すなわち二四時間と同じものだと学んでよい、と。

ふつう世人は、事物は時間のうちに在ると考えるが、しかしそうではありません。実在すると思われる事物は、実は時間なのです。

「松も時なり、竹も時なり、時は飛去するとのみ解会《げえ》すべからず」

時間は瞬間瞬間ごとに断絶しながらしかも連続し、「つらなりながら時々なり」、そうして有すなわち時間であるがゆえに、人間としてのこの自分も成立しているのです。「有時なるによりて吾有時なり」

こう思うと、時間は尊いものです。われわれが時間的に限られた存在でありますから、なおさら時間は大切にしなければなりません。

「ああ短いかな、人の生命よ。百歳に達せずして死す。たといこれよりも長く生きるとしても、また老衰のために死ぬ[132]」

こういう反省は、嘆きのことばであるとともに、また人を活動させ、力づけるものとなります。与えられ、恵まれた人生を、命あるかぎり、意義あるものとしようではありませんか。

これは、多くの人びとが、覚悟としては、共鳴し、共感することでしょう。しかし現実の社会においては、あまりにも尊い時間を浪費することが多い。日本人は一般に行動に敏速であると言われていますが、それはそうでしょう。しかし、こと統治機構、権力による支配構造に関しては、恐ろしく時間を浪費することが多い。あまりに形式主義に流れ、ハンコをつくことに追われている行政事務は顕著な例である。行政官庁は庶民に時間を費やさせて平気でいるようです。

ことに裁判が長くかかるというのは、これはどうしたことでしょう。こんな例は外国には見られない、と言って、外国人たちがあきれて、あざ笑っています。判決が下るころには、もう世間の人は、その事件を忘れてしまっていることが少なくない。その処置は法律的には完璧であるにしても、人びとの貴重な時間を浪費させるということによって、関係者は道徳的には大きな罪を犯しているということになると思うのです。

10　慈悲の社会的実践

社会事業

その他、社会事業に関してもいろいろ述べられています。貧者困窮者のための社会施設については、『華厳経』に、善財童子が教えを受けた大光王が、「世情の礼則を悉くみな善く解し、衆生の心に随って給施し、城邑聚落《じょうゆうしゅうらく》にては四衢道《しく》(四諦《したい》の理)の側に悉く一切の資生の具を置き、一々の道の傍にみな二〇億の菩薩ありて、この諸々の物を以て衆生に給施する」ために次の誓願を立てました。

「もし衆生あり、貧窮にして困《くる》しみ乏しくして、わが所《もと》に来至して、もとむることあらば、われは庫蔵を開きて、それの取る所を恣《ほしいまま》にせしめ、しかもこれに語って曰く、「諸々の悪を造ることなかれ。衆生を害することなかれ。諸々の〔邪《よこしま》なる〕見〔解〕を起こすことなかれ。汝らは貧乏なり。もし所須(必要なもの)あらば、わが所および四衢道に来れ。一切の諸物は種々に具足《そなわ》れり。意に随って取りて疑難を生ずることなかれ」と」(133)

困窮している人びとにはまず必要な物資を与えて、そののちおのずから善い行ないをするように導いていこうというのです。社会の下層からと言うところに、大乗仏教の慈悲の精神があるからです。

社会政策実行のための具体的な厚生施設については、『宝行王正論』に、ナーガールジュナ(竜樹)が国王に向かって次のように教えています。

「諸道に伽藍、園、塘、湖、亭屋を起こし、それらの中において、〔衆〕生〔をたすくるための道〕具と草蓐《そうにく》(草のしとね)と飲食《おんじき》と薪《たきぎ》とを給す。小〔あるいは〕大なる国土において寺と亭館とを起こすべし。遠路に水漿乏しくば、井〔または〕池を造って飲みものを施す。病に苦しめるもの、拠りどころなきもの、貧しきもの、下の(低き)姓のもの、怖畏《おそれ》〔をいだけるもの〕等を、慈悲に依って摂受《しょうじゅ》して、心を勤めてかれらを安立せしめよ。随時に飲食、果菜および新穀を新たに〔与えよ〕。大衆及び〔給与〕を須《ま》つ者に、未だ施さずして先に用うることなかれ(134)」

国王は苦しみ悩んでいる民衆にまず食糧を与えて、その後に自分が用いるのです。国王は飢えた民衆よりも先に食糧を得てはならぬ、まず民衆に施せ、というのは、当時の社会においては実に思い切った立論です。

その厚生施設にあてられた建造物においては、民衆の生活に必要な種々の物品を用意していました。「屣《くつ》、繖《おおい》、瓶、鉤、鑷《くぎぬき》、針、綖《いとすじ》および扇等と、三果および三辛と蜜と糖と酢と眼薬と恒《つね》に安息に省むべきもの、書と呪と薬方と、首と身に塗るべき薬油と、澡盤《そうばん》と灯と麨《むぎこがし》と果〔実〕と水器と刀と釜とを、亭館の中に給すべし(135)」

そうしてそこには種々なる食料品を貯蔵しておいて適宜に給与します。「米、穀、飲食、糖、膏《あぶら》などをそなえて、恒に陰の涼しき処に置き、および浄水を器に満たし、蟻鼠の〔出入りする〕穴の門に〔おく〕。飲食、穀、糖などを、願わくは、信〔頼〕しうべき人をして日々に分布して散ぜしめよ(136)」

さらに人間のみならず、諸々の生きものにも食物を施せ、といいます。「意のごとく〔食事の〕前後の食を恒に餓鬼、狗《いぬ》、鼠、鳥、蟻等に施せ。願わくは汝恒に食を施せ」[137]。仏教で説く慈悲は、人間のみならず鳥獣にまでも及ぼすべきものであるので、このように説いているのです。

ところで、右に述べたように毎日人間や鳥獣に施食するという規定は、古いバラモン教の習俗を受けているのです。バラモン教では、一家の家長たるものは、毎日の義務として五種の祭事を行なうべきものであると規定しています。すなわち、「神祭」、神々を祭ること。「万霊祭」、鬼畜などに食物を供養すること。「祖先祭」、祖先に供物を捧げること。「梵祭」、ヴェーダ聖典を研究読誦すること。「人祭」、客人、ことにバラモンに食事を供することをいいます。

仏教は慈悲の精神に立脚するから、これらの中で、とくに人祭と万霊祭とに相当するものを重要視します。諸々の生きものに食を施せ、というのは、万霊祭に相当します。したがって仏教もインド古来の伝統的精神を受けているのですが、従来のバラモン教の呪術的な暈縁《うんえん》をたち切って、慈悲の面だけをとくに強調しているのです。

教育・学術の振興

階位的統制の確立している国家においては、君主個人の人格のいかんが国運の隆替に影響を及ぼすことが、極めて甚大《じんだい》です。したがって当時の仏教の国王論の書においては、国王自身が修養に努めなければならぬということを強調しています。とくに国王は「博聞強記」であり「世間の殊音異論を善く解す[138]」ということが理想とされています。そうして「つねに智を習う[139]」ものとしてどこまでも学問を追求しなければなりません。「聞(学問)において足るを知ること莫《なか》れ。および実義を思修せよ[140]」と。

物質的な享受に関してはわずかのもので満足するように教えていますが、学問に関してだけは、これきりで満足するということがあってはなりません。

釈尊の父である浄飯王は、他人を苦しめる学問を学ぶことなく、幸福をもたらす知識のみを学んだ、といって称賛されています[141]。ここにいう学問が具体的に何を意味するか不明ですが、仏教の他の論書について見ると、仏教の学問以外に、政治・軍事・経済等に関するあらゆる学問を含んでいたのであろうと考えられます。

インド階位制の理論的基礎となっていたバラモン教の立場から見ると、学問は主としてヴェーダ聖典の学問であって、支配階級である王族と司祭者族とをその主要対象としていたのですが、仏教、とくに大乗仏教は、学問を一般民衆の間にまで普及浸透せしめることをめざしていました。それは大乗仏教の民衆的性格から見ても当然の帰結でした。

国王は国家の力によって教育を盛んにし、学術を振興すべきであるということを説いています。とくに民衆一般の間に知識の普及すべきことを強調しています。「つねに個々の人をして、とくにすぐれた知識あらしめよ(142)」。ナーガールジュナは、そのためには学校を設立すべきことを勧めています。「国において学堂を起こし、師を雇うて学士(まなぶひと)に供し、永基業を興建せよ(143)」と。

その「学堂」がいかなるものであったか、不明ですが、バラモン教学を教えていたのではないことは明らかです。バラモン教学は、弟子が師匠の家に棲《す》み込んでこれを習得するのであって、「師を雇うて」学校において教示していたのではありません。恐らくこの学校においては百般の学芸と仏教教義とを教えることをめざしていたのでしょう。

仏教教団は、概して歴史的に振り返ってみますと、堅固に統制するということがありませんでした。だから政治性に乏しかったのです。しかし、現実の世界においては、国王ないし国家というものが大きな力をもって支配していたのですから、仏教はおのずから国王ないし国家の問題を論ぜざるをえなかったというのが実情のようです。

現在の日本の政治的・社会的情勢は、古代インドとは非常に異なっているわけですが、仏典に具現されている理想的精神というものは、現代の政治においても、また、顧慮されるべきものではないでしょうか。なにかのご参考になればと思ってお伝えしたわけであります。

究極の平和

仏教は慈悲の宗教である以上、究極においては平和ということが、第一の理想でなければなりません。

いまの西洋諸語における「平和」(peace)をインド人は、サンスクリット語および現代インド諸語の「シャーンティ」(sānti)という語で表明しています。この語は漢訳仏典で「寂静」と訳されるものですが、古来の仏教は端的に平和を理想としていたということができます。協和をめざすのです。(144)

III 理想社会をめざして——人生の指針

1　慈悲と奉仕のこころ

仏典の中には、人生の目標をはっきりと示したことばがございます。よく南アジアで唱えられる文句ですが、

「一切の生きとし生けるものよ、幸福であれ、安泰であれ、安楽であれ(1)」(『スッタニパータ』)と。

この世に生を享《う》けた者であるからには、お互いに幸せに暮らすように、と願うのは、人びとの真実の心情でしょう。「われも人の子、かれも人の子」という思いをもって人びとが進んでいくならば、人びとが争うということもなくなるでありましょう。

また同じく『スッタニパータ』という古い仏典に出ていることばですが、

「いかなる生物生類《いきものしょうるい》であっても、怯《おび》えているものでも強剛なものでも、悉《ことごと》く、長いものでも、大きなものでも、中くらいのものでも、短いものでも、微細なものでも、粗大なものでも、目に見えるものでも、見えないものでも、遠くに住むものでも、近くに住むものでも、すでに生まれたものでも、これから生まれようとするものでも、一切の生きとし生けるものは、幸せであれ(2)」と願っています。ことにこれから生まれようとするものを考え

て願うというわけです。

学校教育に欠けているもの

最近顕著になって急に世間で論議されるようになった現象に、「いじめ」という一連の事件があります。これは獣たちの仲間ではよく見かける事実です。何かの理由で仲間がよってたかって仲間の一頭をなぶり殺し、はては食べてしまいます。しかし人間は自分のことを自覚し、他の人間に対して、同情心をもち、共感して行動するようになってから、こういう現象は見られなくなりました。

人間ばかりではありません。獣たちの間でも相互扶助が行なわれているという事実に注意して、クロポトキンは無政府主義の理想をかかげたといわれています。

最近学校で「いじめ」の現象が見られ、大きな社会問題となっているのは、「人として生きる」という教育がなされなくなって、風潮が「獣」的になったからです。

その証拠には、戦前の学校には「いじめ」は見られなかったようです。あったのかもしれませんが、わたくしには記憶がありません。少なくとも「いじめ」という名詞は存在しませんでした。戦後になっても、「こころ」の教育の行なわれている学校には、「いじめ」は存在しないようです。

わたくしの知る限りでは、仏教系の高等学校、中学校では「いじめ」の問題はついぞ聞いたことがありません。「ともに幸せであれ」という気持ちで学校教育が行なわれていたら、仲間をいじめるということは起こりえないはずです。

他の宗教の系列の学校でも、事情は同じであると聞いています。特殊な宗教にたよるのではなくて、宗教の本質による教育の行なわれている学校では、この問題は起こっていないと言われています。また「道徳教育」などというと、戦後はとかく冷笑されるのが落ちですが、それを覚悟して道徳教育をかざしている学校にも、いじめの現象は見られません。問題が起きているのは、戦後の公立学校だけであると言えましょう。ということは、戦後の、国家または自治体による教育が腐っているからです。その証拠には、こどもたちは皆、塾にはしります。もちろん問題の起きない公立学校も多いのですが、そこでは教職員がむしろ、悪習が起きないように献身的な個人的努力によって警戒している、その精進のおかげなのです。

戦後の思想界、教育界では、人間が「獣」以下になるような言論がはばをきかしてきました。それならば、こどもたちが「獣」以下になるのは当然でしょう。最近の教育論議を見ると、教育制度だの学級編成だとか、訓育方法とか、枝葉末節ばかり論じています。問題は精神です。精神が腐っているようなところでは、外面的な機構をいくらいじってみてもダメです。

人間が獣以下になるように教える教育が行なわれているのは、とくに新聞、雑誌、テレビ、小冊子などマスコミュニケーションの影響が強いと思われます。この風潮に対してわれわれは警戒しなければなりません。もしもマスコミが醇風《じゅんぷう》良俗を害し、あるいは国益を害する恐れがあるときには、無責任な言論は制限すべきです。「言論の自由」ということは、他人の利益や福祉を害《そこな》わず、国益を損なわない範囲において認められることです。その範囲においては何を言ってもかまいません。しかし、その範囲を超える危険のある場合には、制限すべきです。

この点で、実業界の方々に申し上げたいと思います。日本の企業は、経済的な利益追求だけに主眼をおき、倫理面を軽視してきたのではないかという疑いがもたれます。今日の企業経営者は、昔の封建領主、城主のように、オールマイティーですから、とくにこのことを考えていただきたいと思います。

もし実業界が断乎たる態度をもつならば、弊害を除くことは可能です。たとえば、醇風良俗を害するような新聞、雑誌、テレビには、一時金融を停止するとか広告を掲載しないとか、いろいろの方法が可能です。こういう処置をとると、かならずマスコミから叩《たた》かれます。しかし叩かれるのを恐れていたなら、いつまでたっても改革は不可能です。とくに宗教団体のうちには、かつてマスコミから叩かれたものがすくなくないが、結局、宗教団体のほうが勝っています。

現実の世界においては、生き物が他の生き物を食うということが行なわれています。人間の世界でも、衝突や争いがあり、一人の人の幸運が、他の人の不快を買うというようなことも起こります。それは事実です。だからこそ、心の持ちようによって生き方を変えることのできる人間にとっては、ますます少しでも、世の多くの人びと、さらにひろく生きとし生けるものの幸せを望むということが願わしいのではないでしょうか。その理想的なすがたは「慈悲」と呼ばれます。

「あたかも、母が己《おの》が独り子を命を賭けても護るように、そのように一切の生きとし生けるものどもに対しても、無量の〔慈《いつく》しみの〕こころを起こすべし。

また全世界に対して無量の慈しみの意《こころ》を起こすべし。

上に、下に、また横に、障害なく、怨みなく、敵意なき〔慈しみを行なうべし〕。

立ちつつも、歩みつつも、坐しつつも、臥《ふ》しつつも、眠らないでいる限りは、この〔慈しみの〕心づかいをしっかりとたもて。

この世では、この状態を崇高な境地と呼ぶ」(3)

このような句を含んだ一連のことばは、とくに「慈しみの経」という名で、南アジアのスリランカ、ビルマ、タイなどでは、特別の機会にとなえるきまりになっております。これらの国々では言語は違いますけれど、そこに出てくる重要な概念、述語はほぼ共通ですから、こういうのをパーリ語でとなえると、なんとなくわかってくる。そして心情的にその感化が広がっていきます。

これらの国々の人びとは貧しく困窮していますが、しかし、生活上に心のゆとりがあられています。それなりの満足が見られるのは、そのためでしょう。

「生きとし生けるものに慈しみを及ぼす」というのは、単なる感傷的な心情の問題ではなくて、現代の世界にとっては、緊迫した切実な問題となってきました。人間の利己心が人間を取り巻く自然環境を破壊し、そのために人間自身が復讐を受けるようになり、人間の存在が脅《おびや》かされるようになってきています。

よく考えてみると「自然環境」という考え方や表現が、自然を征服する人間のエゴイズムがそこに見られるような気がします。人間に恵んでくれる自然界の生きとし生けるものと共に生きるという、こういう心持ちが大切ではないでしょうか。

宗教の本質

この慈悲の念は、現実には実際的な奉仕として展開することになります。

シャーンティ・デーヴァ(寂天)という七世紀の仏教思想家のことばでありますが、「人びとよ。わたくしの頭のうえに足をおけ」(4)(『さとりへの実践入門』)と。

昔から聖賢とか高僧とか仰がれる人びとは、みずから身を清くし、世俗の汚れから離れることを尊しとする傾向がありました。しかし、身近なところに苦しみ悩んでいる人びとがいるのに、自分だけが静寂の境地を楽しむということが、はたして願わしいかどうか、かれはこの点を問題としているのです。

シャーンティ・デーヴァは、宗教の本質は、むしろ苦しんでいる人びとのために奉仕することにあるのではないかと考えました。教義について論争したり、儀礼にこだわっているならば、仏教は見失われます。仏道修行というのは、人びとに奉仕することです。

「わたくしは、一切の生ける者どものうちで、灯火をもとめている人びとのためには灯火となり、寝床をもとめている人びとのためには寝床となり、奴僕をもとめている人びとのためには奴僕となろう」(5)

仏を礼拝するということは、単に儀礼のなかにあるのではなくて、他人への奉仕のうちにあります。

「今日もろもろの如来を崇めるために、世間においてわたくしは全身をもって奴僕となる。人びとよ。わたくしの頭のうえに足をおけ。あるいは害せよ。世間の主(仏)よ、満足したまえ」[6]

それを実行するためには、自分の身をできるだけつつましくしなければなりません。非常な覚悟が述べられています。

「不幸におちいった人びと、保護者のない人びと、誓戒をまもっている人びとにわかちあたえて、〔自分は〕中庸の量だけを食べるべきである。三衣は別として、〔その他のものを〕棄てるべきである」[7]

この世で一人でも貧困に苦しんでいる人がいるならば、それは仏の徳を傷つけることになります。

「もしも施与の完全な徳が過去に世間の人びとを貧困でないものとしても、今日また世間の人びとが貧困であるならば、過去の救世者(仏)たちのそれ(施与の完全な徳)はいかにあるのであろうか。(しからばまだ真の「施与の完全な徳」とはなっていないのである)」[8]

そこで人びとを助けるために、われわれは積極的に行動しよう。

「わたくしは身体で読もう。ことばを読むことになんの意義があろうか。治療法を読むだけならば、病める人にとってなんの役に立とうか」[9]

宗教の教えを知っているというだけでは、なんの意味もない。われわれの身体をもってする行為のどこかに具現されなければなりません。

わが国では日蓮が、『法華経』を心読するというだけではなくて、「色読せよ」(具体的なかたちで実践せよ)ということを説きました。こういう精神は、古来、日本人のうちに生きていたと思われます。「治療法を読むだけならば、病める人にとって何の役に立とうか」ということばは、現代社会の痛いところを突いていると思います。

医療法は著しく進歩しました。しかし、病人は必ずしも幸福ではありません。ことに医療の国家統制の結果、患者は薬づけにされて、やたらに検査をされます。苛酷《かこく》な検査のために病人は参ってしまいます。やたらに薬づけにするために、新たに「医原病」という名前の病気が起こっているということを聞きます。病院は立派なものができましたが、手続きが面倒なのと、やたらに待たされるために病人はつい遠のいてしまいます。

とくに明治の政府で漢方を禁止したことは、大きな失策であったと思います。中華人民共和国、台湾、韓国では、漢方医が独立の医師として認められているのに、日本では医師としては認められていません。またインドでは、伝統的な医学をアーユル・ヴェーダと呼び、アーユル・ヴェーダの医師というものは、独立の医師として認められています。なかなか盛んに行なわれています。わたくしはアーユル・ヴェーダの学校をあちこちで見ました。

日本の厚生省は、決して漢方を禁止していないとおっしゃいます。けれども、漢方だけでは医師としての資格を認めていないのだから、実際問題としては、禁止しているのと同じことです。これは一般民衆を医療から遠ざけることになると思います。

人間のこころ

奉仕をするかどうかということは、結局、心の問題です。

「ものごとは心にもとづき、心を主とし、心によってつくり出される。もしも汚れた心で話したり、行なったりするならば、苦しみはその人につき従う――車をひく牛の足跡に車輪がついていくように。

ものごとは心にもとづき、心を主とし、心によってつくり出される。もしも清らかな心で話したり行なったりするならば、福楽はその人につき従う――影がそのからだから離れないように」[10](『ダンマパダ』)

この趣意は、心のあり方によって、世のすがたが、すっかり変わって見えてくる。そうして心のあり方によって万事が変わっていく、ということを述べております。

この思想を受けて、後代の『華厳経』では「三界《さんがい》のあらゆるものは、唯《た》だ、是れ一心なり」といいます。これは日本では道元がとくに強調していますが、鴨長明の『方丈記』の中でも述べられています。

「それ三界はただ心ひとつなり。心もし安からずば、象馬七珍もよしなく、宮殿楼閣も望みなし」と。

そこで原始仏教の修行者は、心を修養するということを、つねに心がけていたのです。「屋根を粗雑に葺《ふ》いてある家には雨が漏《も》れ入るように、心を修養していないならば、情欲が心に浸入する(11)」

ところが自分自身であるはずの心は、実はままにならぬものです。われわれの手に負えないものです。

「心は、捉《とら》え難く、軽々とざわめき、欲するがままにおもむく。心は、極めて見難く、極めて微妙であり、欲するがままにおもむく(12)」

それだけにとどまりません。心というものは、実に恐ろしいものです。

「憎む人が憎む人にたいし、怨む人が怨む人にたいして、どのようなことをしようとも、邪《よこしま》なことをめざしている心は、それよりもひどいことをする(13)」

ここで「悪性《あくしょう》さらにやめがたし。心は蛇蝎《じゃかち》のごとくなり」という親鸞の嘆きの声が聞こえてきます。しかし、また正しく導かれたならば、心ほど尊く、心ほどたよりになるものはありません。

「母や父も、そのほか親族がしてくれるよりもさらに優れたことを、正しく向けられた心がしてくれる」[14]この世の中を、地獄にするのも、極楽にしてくれるのも、ただ心一つであると言えましょう。

2　万人の友となる

修行者の理想

だから心に好意をたもつことによって、あらゆる人の友でありたいと願うのです。

「われは万人の友である。万人のなかまである。一切の生きとし生けるものの同情者である。慈しみの心を修めて、無傷害を楽しむ」[15]（『テーラ・ガーター』）

生きものを傷つけないということを楽しむ、ということです。

願わくは万人の友でありたい――これが仏教の修行者の理想でした。その立場に立つと、旧来の階級的差別は無意義なものとなるのみならず、民族の差とか国境の差を超えることになるのです。こういう理想を共にしていた修行者たちのつどいは「四方の集い」と呼ばれました。かれらは、四方をわが家となす人びとです。

この「四方の」という理想をパーリ語ではチャートゥッディッサといい、その発音を写して「招提《しょうだい》」と申します。奈良に「唐招提寺」というお寺がありますが、これはチャートゥッディッサという音を写したので、このコスモポリタニズムに由来しているわけです。

四方の人という理想を端的に一身に具現した独りの典型的な人物として、婆羅門《バラモン》僧正のことをお伝えいたしましょう。かれはインドのバラモンの生まれで俗姓をバーラドヴァージャといい、出家してのちの名は、ボーディセーナでした。はるばる日本に渡来して、聖武天皇の大仏開眼の導師をつとめた人です。

大変な決心であったと思います。当時はまだ未開と思われていた孤島・日本にひとたび足を踏み入れたからには、もう故国へは帰れなかったでしょう。インド人の好きなカレーライスはもう食べられなかったはずです。奈良朝のインターナショナリズムを示す一事例として、かれの渡航は歴史的には非常に重要ですが、今は人びとから忘れられています。

かれの墓所が奈良市富雄町の霊山寺にあると聞いていたので、ある日わたくしは霊山寺を訪れました。

バスで観光客がひっきりなしに訪れるのに、その地の温泉のほうが有名らしく、婆羅門僧正の墓は無視されています。案内記にも出ていません。バスガイドのお嬢さんに尋ねてみたら、「へえ、そんなもんありまっか？　知りまへん！」と答えます。お寺で、職員に聞いてみましたが、どうもわかりません。そのうち年配の方が知っておられて、わざわざ高い所にあるボーディセーナの墓に連れて行ってくださいました。

三重の塔の後ろの細い坂道を登ってゆくと、村の代墓の並んでいる平地に達します。その少し下を右に入ったところの笹藪《ささやぶ》の中に、一つポツンと孤立した墓があります。宝篋印《ほうきょういん》塔で上部が欠損しています。文字が刻まれていたのでしょうが、磨滅していてわかりません。墓標もありません。

それだけに、わたくしには強烈な感銘を与えたのです。「四方の人」という理想を実践した人がここに眠っています——人びとから忘れられて。

それが「四方の人」の本当の理想なのでしょう。

ところで、普遍的な理想は必ず具体的な人間関係を通じて具現されます。抽象的な浮わついた理想は現実性をもたないわけです。地球の表面は多数の国家に分かれて統治されていますから、理想的な国をつくるということが必要です。

知識の継承

さて、人類が進歩するためには、また生存を持続していくためにも、人は、すでに知識や経験をもっている人から、それを継承しなければなりません。

「ひとがもし他人から習って理法を知るならば、その人を敬うこと、あたかも神々が帝《たい》釈天《しゃくてん》を敬うがごとくになすべきである。学識多きその師は、尊敬されれば、その人に対して、心からよろこんで真理を顕示する。思慮ある人は、そのことを了解し、傾聴して、理法にしたがった教えを実践し、このような人に親しんで怠ることがないならば、識者、弁《わきま》え知る者、聡明な者となる」(「シンガーラの教え」)(16)

われわれは、人生においていかに生きていくべきであるか、ということについて迷っているのですが、いかに生きるべきかという道を知るためには、良き師につかねばなりません。だからひとは師を尊敬しなければならない、というので、右のように説かれているのです。

今日のようにコミュニケーションについて多様な手段や通路が発達している時代においては、直接に面接していなくても、師と見なすべき人びとは多数あると言うべきでしょう。またいかなる人びとでもわれわれに教えてくれるものをもっているから、万人が師であると言うこともできるでしょう。ところが世間には、いかがわしい教師も少なくありません。これは今も昔も同じであったようです。

「未だものごとを解せず、嫉妬心のある小人・愚者に親しみつかえるならば、ここで理法を弁え知ることなく、疑いを越えることなく、死に至る」(17)

ここで「嫉妬心のある教師」というのは、師が弟子に対して嫉妬心があり、弟子の成長発展に堪えられないことをいうのだと、伝統的な注釈文献に説明されています。これは重要なポイントだと思うのです。高度に発達した学問、容易にまねることのできない技術、技能を秘密にしていると、それを体得した人が死没すると、そのすぐれた学問、技術、技能は消滅してしまいます。そして人びとの共通の財産とはなりえません。

過去の東洋諸国には、今日の発達した科学をもってしてもなお解明しえないような、すぐれた技術文明をきずいていた場合がありました。しかし近世に入るとともに、アジアの諸民族は西洋諸国に後れをとり、ついに西洋諸国の侵略にさいなまれてしまいました。

その原因はいろいろあるでしょうが、一つには、一部の人びとが知識や技術を独占して他の人びとに開放しなかったことにあるのではないでしょうか。

「おれは、こんなに苦労して、年季を入れてこの知識を獲得したのだ。軽々しく若造なんかに教えてたまるものかい」――と。こういう気持ちを先輩たちがもつのは、われわれも理解できます。しかし我執をはなれた「無我」の気持ちで、学問や技術、技芸を人に伝えるということは、大切なことではないでしょうか。

3　師弟の心がけ

師たること

指導する立場に立つ人の心がけは、次のようなものでなければなりません。

「粗暴なることなく、きまりにしたがって、公正なしかたで他人を導く人は、法を守る人であり、法を実践する人であり、聡明な人であるといわれる[18]」

ここで「法」(ダルマ)というのは、単に法律ばかりではなくて、その根本にある「人間のみちすじ」のことです。こうした心がまえは、会社などで責任ある地位にある人が、部下などを導くのに必要なことではないでしょうか。

原始仏典『シンガーラへの教え』によると、師は、次の五つのしかたで弟子を愛する、すなわち、

(1)「よく訓育し指導する」。ブッダゴーサの註解によると「〈汝はこのように坐るべきである。このように立つべきである。このように嚙《か》むべきである。このように食べるべきである。悪友を避けなければならない。善友に親しまなければならない〉と、このように行ないを教えて訓育する」。

(2)「よく習得したことを受持させる」。すなわち「よく習得したことを受持するように、意義と文句とを純正にたもって、実用のしかたを示して、受けもたせる、ということである」。つまり、習ったことを身につけさせるということです。

(3)「すべての学芸の知識を説明する」。ブッダゴーサは「技能を習得した人は、どの方向に行っても自分の技能を示すならば、かれは利益と尊敬とを受けることができる」といっているので、とくに技術をも重んじていたことになりましょう。

(4)「友人朋輩《ほうばい》のあいだにかれのことを吹聴する」。くわしくいうと、伝統的な註解で説明されているのですが、「〈これはわれらの弟子であるが、傑出していて、学識多く、わたくしにも等しい。このように見なしてください〉といって、かれの長所を語って、友人朋輩のあいだに吹聴するのである」。こういう意味での〈師からの庇護《ひご》〉は、今日のみならず昔も必要であったようです。弟子が世にデビューするためには、どうしても師なり先輩なりの推薦がなければなりません。師とか先輩とか言われる人自身が、そのような推薦を受けて世に出てきたのですから、後輩をひき立てることは、また義務でなければなりません。

(5)「諸方において庇護してやる」。ブッダゴーサによると、これは「技能を教えることによって、一切の方角においてかれを護ってやる。技能を習得した人は、どの方向に行っても、自分の技能を示すならば、そこでかれは利益と尊敬とを受けることができる。しかしそれは実は師によってつくり出されたものである。

大衆はかれの美徳を語って、師であるかれの両足を洗って、〈この方《かた》は実に〔あの大先生のもとで〕弟子として住まわれたのです〉といって、まず、師自身の美徳を語る。梵天《ぼんてん》世界にも等しい量の利益がかれに生じても、それは師に帰属するものなのである(19)」

つまり、ある特定の師に就学したということが知れると、その師の名声、評判が他の諸地方でも弟子を護ってくれるというのです。

師と仰がれるほどの人は、これほどの徳を身に備えたいものであると言われていますが、これは現代では、会社の上役と後輩のあいだについても言われることではないでしょうか。

弟子たること

これに対して、指導を受ける立場の人びとの心がけも大切です。『シンガーラへの教え』によると、

「弟子は次の五つのしかたで師に奉仕すべきである。すなわち、(1)座席から立って礼をする。(2)近くに侍する。(3)熱心に聞こうとする。(4)給仕する。(5)恭《うやうや》しい態度で学芸を受ける」。

学園の荒廃や、校内暴力が問題とされるようになってから、すでに久しいものがありま

す。その原因については、識者のあいだで非常に議論されていますが、その心理的倫理的根拠というものは、「謙虚に教えを聞く」という態度が失われたからではないでしょうか。

師弟の間柄が緊密であれば、おのずから師に対する尊敬を以て侍するという態度が何らかのかたちで出てくるはずです。ところが、その間柄が大量教育のために拡散してしまうと、謙虚な傾聴というようなことが、ゼロに近くなります。

そして、ゼロに近くなるということは、高度の機械文明においてさえも決して望ましいことではないようです。アメリカの中程度の大きさの大学の学生が、何万人という大量教育の大学をさして、「おお、マスプロダクション！　おお、マスプロダクション！」と言って、笑っていたのを思い出します。マスプロダクションの本家本元でも、人間の大量生産はどうも望ましくはないらしいのです。

原始仏教の興起した時代には、マスプロダクションの教育が行なわれていなかったことは言うまでもありません。世俗の学問や技術に関しても、師弟相対して、一対一に近い教育が行なわれていたのです。

(1)「座席から立って礼をする」ということを、ブッダゴーサは「弟子は、師が遠くから来るのを見たならば、座席から立って迎えて、喜びのゆえに、器をとって、座席をしつらえ坐せしめて、煽《あお》ぎ、足を洗い、油を塗ることをなさねばならぬ」と説明しています。現代の社会で、このとおり実行するわけにはいきませんけれど、このような態度で師や客人を遇することが、南アジア諸国はもちろんのこと、マルクス・レーニン主義の中華人民共和国においてさえも、生きていることをわたくしは見出しまして、深く感銘を受けたものです。

(2)「近くに侍する」とは、ブッダゴーサによると、「日に三度、近くに侍《はべ》りに行く。技術を習得するときには、必ずおもむかねばならぬ」ということです。これは今日のことばに直せば、授業に規則正しく出席すること、および教えを受ける人が師を訪ねることに相当します。

(3)「熱心に聞こうとする」こと。これはとくに「信じて聞く」ということです。「信じないで聞く人は、進んだ境地に至ることができない」と解釈されています。教師に対する信頼が必要であるということになります。

(4)「給仕する」ということ。これは「弟子が師よりも早く起きて、うがいの水、楊子《ようじ》をささげて、食事の時には飲料水をもってきて、あいさつなどをして、礼拝していくべきである」と説明されています。当時の弟子というのは、住み込みの内弟子でありましたから、このように説かれているのでしょう。

(5)「恭しい態度で学芸を受ける」というのは、「わずかなことを受け習ってもたびたびくりかえし学習する。一つのことばでも正しく(誤りなく)受けもたなければならない」ということです。つまり、正しく覚えることと反復練習が必要だということを言っているのでしょう[20]。

ただ、学生のマスプロダクションということは、校内暴力の直接の原因ではないと思うのです。戦前にも教育面でのマスプロダクションは行なわれていましたが、戦前には校内暴力は起こりませんでした。戦後にのみ起こったということは、やはり校内暴力をどこかで是認するような一般社会の傾向、道徳の荒廃が直接の原因ではないかと思われるのです。

4　家族の倫理

父母の恩

自分を導いてくれた人びとのうちで、もっとも身近な者は父母です。

「母と父とは梵天(世界創造の神)とも言われ、先師とも言われる。子らの供養すべきものので、また子孫を愛する者である。だから実に賢明なる子は、食物と飲料と、衣服と座床と、塗身と沐浴《もくよく》と洗足とを以て、父母に敬礼し尊敬せよ[21]」

父母の恩は、われわれのものごころのつく以前から受けているわけです。われわれはそれに気づかないけれど、しかし「恩を知る」という心がけが大切です。「知恩」という語が仏典に出てきます。京都の知恩院の「知恩」です。それは「人からなされたことを知る」というもとの意味です。そこから報恩の念が起きてきます。

ところが戦後には、親孝行なんて古い、親のいうことなんか聞かなくてもいい、という風潮が、一般化しているような気がします。だから家庭内暴力という問題も起こってきました。親を殴《なぐ》るなどということは、戦前には考えられないことでした。これは家庭内暴力ということは、明らかに一般社会における道徳の荒廃が原因になっていると考えられます。

われわれは父母以外にも、無数に多くの人びとの恩を受けていて、とうていことばでは尽くしえないものがあります。われわれは感謝の意味で「有難うございます」と申します。これは韓国語では「カンサ」「カンサ、ハムニダ」と申しますが、これは感謝のことなのです。それからヴェトナム語では、「カムオン」といいますが、これは漢字で書くと「感恩」だそうです。

ところで馬齢を重ねてきましたわたくしのような人間は、もはや父母もおりませんし、恩人も幽明界を異にしている方々が多いのです。もはや恩返しもできない。まさに「孝行のしたい時には親はなし」とつくづく感じます。ただできることは、後の世代のために尽くすことだろうと思います。

それは、後の世代を甘やかすことではありません。後の世代をして、さらに次の世代をして、よりよき世の中を享受させるように努めることではないでしょうか。

今の日本の繁栄を作り出したのは、敗戦の屈辱と困窮《こんきゅう》を、いやというほど経験して悩んだ年代の人びとです。ところが、その年代の人びとは、今の若い人びとを甘やかしすぎてはいないでしょうか。つまり、金が余っているからといって無意味に浪費させてはいないでしょうか。

親が汗水流して働いているのに、若い者は世界中飛び歩いて遊びまわっている。これはやっぱり恩を忘れているということにならないでしょうか。そして世間の風潮がそれを助長するように働いている。これは大いに反省する必要があると思います。

ただムダ遣いをするのではなくて、むしろ将来の日本のために建設的な事業に余裕ある力をふり向けるべきではないでしょうか。はなはだ乱暴な簡単な表現をいたしますと、今の日本の政治的経済的指導者は、国の経済のバランス・シートだけを考えて、倫理的道徳的な精神を見失っているのではないでしょうか。

たとえば、欧米から脅《おど》されると、急に外国品を買えというふうなことを言われるでしょう。日本のあり余っている外貨というものは、精励なる今までの日本人の血と汗の結晶です。おろそかにはできないはずです。

それを享楽に消費したり、ブランド商品を買ったりするようなことには浪費しないで、もっと建設的なことに使うべきではないでしょうか。ことにブランド商品を買わせるなどということは、国民の間に奢侈《しゃし》の傾向を助長することになり、これは指導者の言うべきことではないと思います。

建設的というのは、これは経済の専門の方々にお考えいただきたいとおもいますけれども、たとえば、東京湾を埋め立てて大きな都市をつくるとか、あるいは太平洋の真ん中に貿易基地として大きな島をつくるとか、そのほかいくらでも考えられるはずです。

成田空港をつくるために日本人どうしが殺し合いをしたりしないで、海の中に大きなものをつくったらよかったのではないか。そういうことに外貨を使うならば、先人の苦労を生かして使うことになります。「報恩」という宗教の本質につながる高い道徳的倫理的理想を以て、計画を進めてもらいたいと思います。

夫婦の道

近い人びとの人間関係としては、まず夫婦の間の道が考えられます。

「もしも妻が貞節であって、他人の威に屈せず、夫の欲することに従順で愛《いと》しくあるならば、責むべきことであっても、褒《ほ》むべきことであっても、秘密の事柄を妻に打ち明けよかし[22]」

結婚して家庭をつくった場合には、二人の人格の間における全面的帰投が望ましい。そして夫妻が共に協力一致し和合して、信仰にもとづいた清純な家庭生活を送ることがたたえられています。

「夫婦《めおと》両人が共に信ずるところあり、こころよく与え、みずから慎んで、正しく法にかなって生活し、互いに愛しき言葉を語るならば、両人の幸福はいやまさり、安らかな幸福が生まれきたる[23]」

ところで、夫婦の間にはそれぞれ異なった義務があります。

「まず夫は次の五つのしかたで妻に奉仕すべきである。(1)妻を尊敬すること。(2)軽蔑しないこと。(3)道からはずれないこと。(4)権威を与えること。(5)装飾品を提供すること、によってである[24]」

と、言われています。

(3)「道からはずれないこと」ということの規定は、なかなかきびしいことです。スリランカのブッダゴーサの註解[25]によりますと、それは「外に踏み出して他の婦人と歩きまわり逸脱するようなことをしない」という意味です。

(5)「装飾品を提供する」というのは、華美な奢侈をすすめているのではありません。

金・銀・宝石を買って与えることです。総じて南アジアの民衆は、国家に対する信頼がないために、身を守るために、金・銀・宝石を買うのです。そしてお金が溜まると金・銀・宝石がいっぱい溜まり、お金が要るようになると、それを一つずつ売るわけです。われわれ日本人は決してかれらを嗤笑《あざわら》うことはできません。

たとえば、先年、日本の指導者たちは金を買わないで、ドルばかり買い溜めていた。そうするとドルの価値低下とともに国民に対して大きな損失を与えたことになるのではないでしょうか。ところが、南アジアとかヨーロッパの人は苦難に慣れていますから、ちゃっかりと金とか宝石を買い溜めているわけです。

これに対して、妻は五つのしかたによって夫を愛する、とされています。

「(1)仕事を善《よ》く処理する、(2)眷属《けんぞく》(身内)を良く待遇する、(3)道からはずれない、(4)集めた財を保護する、(5)なすべきすべての事柄について巧みであって、かつ勤勉である[26]」という行ないを守らねばなりません。

(1)「仕事を善く処理する」というのは、「粥《かゆ》や食物の煮《に》炊《た》きの術をはずれないで、それぞれのことを正しく行なってうまく仕事を処理すること」です。

(2)「眷属を良く待遇する」というのは、「尊重などにより、また贈物を与えたり、番頭を使うことなどによって、眷属を良く待遇することである」と解釈されています。

(3)「道からはずれない」というのは、「主人以外の他の男を、心の中でさえも求めない」ということです[27]。

こういう倫理規定は南アジアの仏教諸国では、今日なお奉ぜられています。ところが、いまの日本ではそれだけの心がまえがもたれているかどうか。たとえば、新聞・雑誌によく言われていることですが、定年退職したら、とたんに夫を粗大ゴミ扱いするなどもっての外です。だからこそ仏典には「夫を粗大ゴミ扱いしてはならぬ」ということばさえもないのです。ないというのは、考えもしなかったからです。

仏典のうちには、離婚に関する教えは見当たりません。というのは、離婚はあってはならないことだと考えていたからです。

日本では離婚は近年急激に増加しています。そして離婚は悪いことではないという見解が一般化しているのではないでしょうか。しかし、離婚の多い本家本元のアメリカでも、離婚は決してよいことであるとは思われていません。つまり、それによって家庭が崩壊し、非行少年が続出しているからです。

ところが日本では、そのあとを追っているわけです。別れるということが日常茶飯事となっています。ことに夫が苦労して働いている昼間に、主婦は家庭で不倫のメロドラマばかり楽しんでいる。このようなものを流すほうもよくないと思うのですが、これは明らかに異常であり、世界中にはこんな国は存在しないでしょう。

仏教の精神的影響の強いスリランカ、ビルマ、タイをはじめとして、韓国、中華人民共和国、台湾などでは、離婚は極めて稀です。インドでも同様です。それは法律によって禁じられているからではなくて、精神的社会的に、好ましくないと思われているからでしょう。今はいいですけれども、そのうち、これらの国のうちで日本だけが没落するという、不吉な前兆ではないでしょうか。

これはやっぱり精神の問題だと思います。わたくし個人の身近な例で申し上げますと、高等学校のときの同級生諸君とは五〇年以上も付き合っておりますけれども、その時代の友人で離婚した人は一人もおりません。そのことを家内に申しましたら、「それはわたくしたちの年代の女の人は辛抱するからよ」と言うのです。今の人は辛抱しないからすぐ別れてしまうと言うのです。あるいはそうでしょう。よくわかりませんけれども、とにかく心の持ち方ということが多分に影響していると思うのです。

しかし、企業のほうでも思いやりをもっていただいて、なるべく単身赴任などのケースを少なくするようにご配慮を願いたいものだと、余分なことですけれどもお願いしたいと思います。

5　真の友人とは

人はいろいろの友人を持っています。真の友人というのは、どういう人であるのか。非常に具体的に説いています。本当の友人とは、

「(1)助けてくれる友、(2)苦しいときにも楽しいときにも友である友、(3)ためを思って話してくれる友、(4)同情してくれる友――実にこれら四種が友であると、賢者は知って、真心こめてかれらにつくせよかし。譬《たと》えば母がおのが子をいつくしむがごとく(28)」

人生における最も尊いもの、真実の友情とは何であるかということを、原始仏教聖典『シンガーラへの教え』は、右のようにまず四つの項目を立てて、その四つの一つひとつについてまた四つずつに分けて説明しています。

まず第一項をさらに説明して、

「〈助けてくれる友〉は、次の四つのしかたによって、親友であると知るべきである。かれは、(a)友が無気力なときに、まもってくれる。(b)友が無気力なときに、その財産をまもってくれる。(c)友が恐れおののいているときに、その庇護《ひご》者となってくれる。(d)なすべきことが起こったときに、必要とする二倍の財を給してくれる(29)」

南方諸国であまねく信奉されている仏教学者でありますブッダゴーサはその一つひとつについて解説していますが、その説明は面白いほど写実的です。かれは次のように言っています。

「(a)友が無気力なときに、まもってくれる」というのは、「途中で酒を飲んで、村の中、村の入口、また道路の上にぶっ倒れたのを見て、「だれかが下着と上着をもって行くかもしれない」と思って、倒れた人のために、かれの近くに坐っていて、かれが酔いから覚めたときに、かれを連れて行く」と。

これは日本でもよく見受ける光景ではないでしょうか。南方アジアでは、総じて飲むことはあまり好まれていないのですけれども、やっぱり飲む人はいたわけです。

それから「(d)なすべき用務が起こったときに、必要とする二倍の財を給してくれる」という人を、ブッダゴーサは次のように註解しています。

「なすべきことが起こったときに(仕事があてがわれたときに)、友が自分の近くに来たのを見ていう。

「なぜきみはここへ来たのだい？」

「王の家に仕事があるんだよ」

「どれだけ貰えるのだい？」

「一万円（カハーパタ）さ」

「うん、町の仕事はね、一万円ではすまぬ。二万円貰え」

そう言って、どれだけ貰えるかを話してやる。そういうわけで二倍を与える」のであるといっています。

またブッダゴーサは、「(4)〈同情してくれる友〉は、他の人がかれをそしるのを弁護してくれる人である。他の人が「あの男はどうも醜いし、愛想はよくないし、生まれは悪いし、品行も悪いし」と言ってくさしたときに、「そう言うな。かれは端麗だし、愛想もよいし、生まれもよし、品行方正だ」などと言って、他人が自分の友人をけなして言うのを防ぐのである」と言っています[30]。

真実の友情は、いつになっても変わらぬものです。友達のために親身になって考える、それを仏教ではマイトリーと申します。ミトラというのは友を意味し、マイトリーというのは、真実の友情という意味です。それを漢訳仏典では「慈」と訳しています。

ところが、世間には見せかけだけの友人というものがいます。

「飲み友達という者がいる。かれは「きみよ、きみよ」と呼びかけ、「きみの親友だ」と自称する。しかし、真の友とは、ことが生じた時に味方になってくれる人である[31]」

では、「見せかけの友人」というのはどんな人か。

(1) 何でも取っていく友
(2) ことばだけの友
(3) 甘言を語る友
(4) 遊蕩《ゆうとう》の仲間

これらの四つは敵である、と知って、賢者はかれらを遠ざけよかし。あたかも恐ろしい道を避けるように。(32)

「ことばだけの友」というのは、たとえば「「わたくしは車が入用である」と言うと、「その車の輪が壊れている。軸が壊れている」などと言い逃れる人」のことです。

「遊蕩の仲間」というのは、「(a)諸《もろもろ》の酒類など怠惰の原因に耽《ふけ》るときの仲間である。(b)時ならぬのに街路でぶらつきまわるときの仲間である。(c)〔祭礼舞踏などの〕集会に入り込むときの仲間である。(d)賭博など遊惰なことがらに耽るときの仲間である(33)」。

人間は種々の人間関係をたもっているが、それを害《そこな》うものとして、悪徳をいろいろ考えるわけですが、ことに賭博《とばく》が厳禁されています。

「賭博という遊惰の原因に熱中するならば、実に次の六つのあやまちが生ずる。すなわち、(1)勝ったならば、相手が敵意を生じ、(2)負けたならば心は悲しみ、(3)現に財の損失あり、(4)法廷に入っても、かれのことばは信用されず、(5)友人同輩からは軽侮され、(6)婚姻せしめる人びとからは拒絶され、賭博漢は妻をもつ資格がないといわれる」(34)人間の性質というものは、いつになっても変わらないもののようです。「女に溺《おぼ》れ、酒にひたり、賭博に耽《ふけ》り、得たものを得るたびに、そのたびごとに失う人がいる。これは破滅への門である」(35)日本でも、身をもちくずすもとは、俗に「飲む、打つ、買う」といわれていますが、その三つがそのまま出ているのは面白いではありませんか。原始仏教の時代でも同じだったのです。

それでも、やっぱりわれわれとしては考えなければいけない問題があると思います。国民全部にとって問題となるはずのことは、日本では、政府や自治体が主体となって、バクチを公営しているという事実です。一方では道徳教育を唱えながら、その同じ政府や自治体が道徳を破壊するようなことを平然と行なっています。

弁護する人は言います。「困窮している庶民に夢を与えるのだ」と。しかし「まじめに働けば必ず生活がよくなる」というふうに、夢を実現させることこそ政府のなすべきことではないでしょうか。

およそ国が興隆する場合には、その基底にかならずしっかりと道義を守るという精神があります。数世紀にわたる植民地的ヨーロッパ人の腐敗した悪影響から脱するために、近年スリランカ政府は、競馬その他賭博行為を厳禁しています。小国ながら立ち上がる勢いのすさまじいシンガポールは、政府主催の競馬を除き賭博をやはり禁じています。中華人民共和国でも、日本のような大規模な公営賭博というのは、ついぞ聞いたことがありません。

わが国では税収入を確保するために、公営賭博は必要だと言われています。しかし、それが目的ならば、それだけ支出を削減すればよいのではないでしょうか。それだけ予算を削減するのならば、削減の斧は必ず弱いところへ向けられます。たとえば、福祉とか、教育とか、文化活動の予算がそれだけ削減される恐れがあります。

しかし、それならそれでよいのではないですか。つまり、大学の建物ばかり大きく立派にしても、「日本の大学生の学力程度は低い」といって、外国から公にしっぺ返しを食っています。建物は悪くても、昔はそれなりに高い理想をもって教育が行なわれていました。ところが、今日では、若者たちが親兄弟を見るということをしないで、享楽に金銭を費消している。立派な文化会館や美術館ができたのに、輝かしい伝統のある日本の美術品は海外に買い占められて空洞化しています。これはやっぱり失われた心を確立することが必要ではないかと思われます。

「酒を飲むな」という戒めも、こういう視点から考察されるべきです。

「〈飲み友達〉なるものがある。きみよ、きみよ、と呼びかける、親友であると自称する。しかし事が生じたときに味方となってくれる人こそ〈友〉なのである」(36)(『ディーガ・ニカーヤ』)

よく世間では、「酒をのんで胸襟《きょうきん》を開くのだ」といいます。しかし胸襟を開いた場合人は、どうかすると、人間の醜悪な面を露出することになるのではないでしょうか。他人の悪口をいったり、自分を誇示したりする恐れがあります。酒を飲むくせがつくと人間はとかくなまけて、仕事をしなくなる危険性があります。

「財なく無一物なのに、酒が飲みたくて、酒場に行って飲む呑んだくれは、水に沈むように負債に沈み、すみやかにおのが家門をほろぼすであろう」(37)

「白昼に眠るのを常とし、夜は起きるものと思い、つねに泥酔にふける者は家を確立することができない」(38)

なぜ酒を飲んではいけないのかという理由を、ある場合には箇条書きで列挙している場合があります。

「酒類など怠惰の原因に熱中するならば、次の六つのあやまちが生ずる。すなわち(1)現に財の損失あり、(2)口論を増し、(3)病気の巣窟《そうくつ》となり、(4)悪い評判を生じ、(5)陰処をあらわし、(6)第六の原因として知力を弱からしめる」(39)

これに相当する漢訳では(5)を「怒ること多し」と記しているが、おそらく中国人の伝統的倫理感覚によって、性に関する表現を避けたのでしょう。

(4)「悪い評判を生じる」ということは、註解者ブッダゴーサによると、「酒を飲んでは母をなぐり、父をなぐり、多くの言ってはならないことを他人に語り、なしてはならぬことをなす。それゆえ、叱責されたり、笞《むち》や杖《つえ》で打たれること、手足などの切断の刑をも受けるに至り、この世でもかの世でも悪い評判を受けるに至る[40]」といいます。

ただし後世の教義学者によると、五戒のうちにいましめられている「殺す」「盗む」「邪淫する」「うそを言う」は、それ自体が悪いことであるから「性罪《しょうざい》」と呼びますが、第五に戒められている「酒を飲む」は、それ自体は悪いことではありません。しかし過ごすと悪を伴う恐れがあるから戒めるのであって、これを「遮罪《しゃざい》」とよびます。

では、どの程度までなら酒を飲んでよいのか、という限度になると、人によって異なるでしょう。だから仏典では、「酒を飲むな」ということを第五の戒めとして立てているのです。

暑熱の地である南アジアでは、酒を飲み続けたら、まず体が参ってしまいます。だから厳しく禁じられていたのです。ところが北アジアでは、冬が寒いから、この禁戒もいくらかゆるめられたらしい。いつのまにか「般若湯《はんにゃとう》」(知慧を生ずる湯)が許されるようになってしまいました。

風土による相違はありましょうが、ともかく自己を失わぬことが肝要です。

6　宗教的伝統

過去から伝えられている伝統のうちで、とくに心を心配するものは宗教です。そこで宗教的伝統の意義を考えてみましょう。

宗教とは何か。宗教ということばは、『楞伽《りょうが》経』のことば、「〈宗〉とは通相を説き、自らに縁《よ》って〈教え〉の法を与う」[41]にもとづいてつくられているのです。その『楞伽経』の原文を見ますと、〈宗〉は「根本の道理」であり、〈教〉は「教えを説く道理」です。つまり〈宗〉と〈教〉とは別の概念なのです。〈宗〉というのは根本の道理ですから、人間の思考の及ばぬところにあり、妄想分別を超えたものであり、しかも人間が準拠すべき理法の根源です。〈教〉というのは、その根本の道理を人びとに理解させるために、仮にことばを借りて説いたものです。

この両者の区別は、仏教諸宗派の諸典籍を通じて一貫してまもられていますが、ときには両者あわせて「宗教」ということがあります。明治以降に西洋の「レリジョン」の観念が伝えられたときに、学者たちはこの「宗教」ということばをレリジョンの訳に当てたのです。「宗教」とレリジョンとでは共通の部分もありますが、必ずしも一致しません。

明治以後、ことに戦後には、わが国は宗教を政治や教育から排除するという方向に進んできました。宗教にとらわれてはいけない、というのが基本的方針でした。しかし、そこには基本的なものに対する無理解があるのではないでしょうか。

「とらわれてはいけない」というのは、根本的なものを説くうちに固定化したり教条化してしまった教義、教学、神学、つまり〈教〉にとらわれて偏執的になってはいけないという意味でしょう。これに反して人間にとって根本的なものである〈宗〉は、これは万人に共通の普遍的なものです。否定しようと思っても否定しえないものです。それは諸宗教の差を超越するものです。一つの宗教のものではありません。ところが戦後の言論や教育は、宗教の伝える、人間にとって根本的なものに対する関心を排除するような傾向で、進んできたのではないでしょうか。

そのよりどころとして、しばしば宗教に関する憲法の条文が引き合いに出されます。その諸条文は、マッカーサー司令部から申し送られた英文の原文と、それを議会で承認して英文に訳した文章と同じです。そこでは「レリジャス」という形容詞が使われているだけで、あいまいです。

西洋の諸言語では、(1)レリジョンに冠詞や語尾をつけると、成立した既成宗教を意味し、

(2)語尾も冠詞もつけない、ただ「レリジョン」だけですと、諸宗教にわたる普遍的、本質的なものを意味するのです。憲法の英文原案および英訳文ではそこがはっきりしません。けれども、まさか後者(2)の本質的なものまでも否定したわけではないでしょう。

ところが、戦後の政治や教育では、人間にとって根源的な理法を無視するような仕方が強調されました。そこで社会の混乱、道義の頽廃、教育の荒廃が、人びとを押し流し、手のつけられないようなことになってしまいました。

ここでわれわれは、根源的な人間の理法にもとづいて、改めて考え直すという必要に迫られているのではないでしょうか。

7　自分のことばを持て

この、ことばで説けない究極のもの、これを何とか説こうとすると、ことばにたよらざるをえないから自分に親しいことばを用いねばならない。そこで特殊性がまといつくわけです。

初期の仏教教団も、次第に発展するにつれて、種々雑多な種族の人びとが参加するに至りました。インドのことですから、かれらは当然言語を異にしていました。諸種の言語が雑然と使われていて統一がとれなくなりました。そこでバラモン出身の修行僧たちは、ヴェーダ語(サンスクリット語)を共通用語とするように釈尊に申し出ました。

「ときにヤメールとテークラという名の二人の兄弟の修行僧がいた。バラモンの生まれで、ことば遣いもよく、声も美しかった。かれらは尊者のもとに至り、礼をなして一隅に坐ってから、かれら修行僧は尊師に次のように言った——「尊師さま！　今や修行僧らは名を異にし、姓を異にし、生まれを異にし、族を異にして出家しました。かれらは自分のことばによって仏のことばを話しています。尊師さま！　願わくは、われらは仏のことばをヴェーダ語に改めたく存じます」と」

ブッダは修行僧たちに告げました。

「修行僧たちよ。仏のことばをヴェーダ語に改めてはならない。……わたくしは、自分のことばによって仏のことばを習うことを許します(42)」

ヴェーダ以来のサンスクリット語は、学殖あるバラモンたちの誇りとするところでした。しかしブッダ(釈尊)は、自分のことば、つまり民衆の言語で説きました。かれが説法に用いた言語は、マガダ語または古代東部インド語とよばれる特殊な民衆言語であり、バラモンたちから軽蔑されていました。それでも、ブッダは民衆のことばで語る態度を改めませんでした。だからこそ、かれの教えは急速にひろまったのです。

これは古代インドの話ですが、現代のわれわれにも教えるところが多いと思います。

古来日本の知識人は、漢文が達者であることを誇りましたが、現在になると、漢文の諸書は忘却の深淵のうちに消え去り、他方、和文で書かれた国文学の書はいまだに読まれています。明治以後は西洋の書物が翻訳紹介されましたが、思想書の場合には訳文のほうが原文よりも難解であるという珍現象が少なくありません。どうして「自分のことば」で書く、ということをしないのでしょう。

このごろはやりの原音表記についても問題があります。アフリカあたりの地名、人名ならわれわれと縁が少なかったらどう表記されても響きませんが、東アジアの人名・地名などをカナで原音表記すると、過去からの日本の文化的伝統と結びつかなくなります。これは日本の知識人特有の「外国崇拝」と「外国からの圧力に対して弱いこと」にもとづく現象ですが、相互の文化的理解をかえって妨げるおそれがないでしょうか。

今後の日本人にとっては、わかりやすい日本語で説くということが必要でしょう。

「身どもも若い時分には、ひたと問答商量をしてもみましたが、しかしながら、日本人に似あったように、平話で道を問うがようござる。日本人は漢語に拙《つたの》うござって、漢語の問答では、思うように道が問い尽《つ》くされぬものでござる。平話で問わばどのようにも問われぬということはござらぬ」(『盤珪禅師語録』)

盤珪禅師(正眼国師、一六二二—一六九三年)は、日本人として禅を体得したという点で注目すべき人です。かれは、従来の禅宗の教義的な、むずかしい文字をもてあそぶ有閑者的・遊戯的な弊風を公然と否認して、民衆と共に道を求め、民衆にわかるように禅を説きました。かれは「舌三寸」を以て教化することを標榜《ひょうぼう》していました。「舌三寸」とは、西洋的表現によれば、ロゴス(ことば)にたよることであり、いかなる人も傾聴遵奉《じゅんぽう》すべき「道理」を言うのです。

ところが、明治以後の支配階級はことさらに難しい漢語を用いるようになりました。徳川時代の支配者のほうが、まだ「平話」における単語を公に用いる割合が多かったのです。ところが明治以後、こけおどしの難解な単語が用いられるようになりました。官庁用語だの、哲学者の表現などは、その悪しき範例の最たるものです。しかも文部省用語と法務省用語とが異なるという点に至っては、あいた口が塞《ふさ》がりません。このごろは社会一般がわかりやすく書くという方向に進んでいますが、まだ「未だし」の感をぬぐいえません。

ところが最近では別の方面から問題が起きてきました。それは教科書事件に見られるような表現に関する隣国(複数)からの干渉です。

たとえば「壮士」という語についてクレームがついたそうですが、もとは決して悪い意味ではありませんでした。横山大観の院展最後の出品の題名は「風蕭蕭《しょうしょう》として易水寒し」でした。秦の始皇帝を刺しに出かけた荊軻《けいか》のこの壮烈な詩の次の句「壮士一たび去って復《ま》た還らず」を、わざと記さなかったところに、大観は沈黙の美学の論理を充分に駆使していいます。大観は心憎いまでに骨の髄まで東洋人でした。

ところが、隣国からは「壮士」という語がよくないと文句をつけられたのです。主要概念を漢字で表現している限り、こういう問題は今後も起こるでしょう。

ここでわれわれは、盤珪禅師が言うように、「日本人」であるという自覚をもち、民族のことばである「平話」を以て新しい文化を創造する必要があるのではないでしょうか。ことに今、漢字文化圏全体が、(1)伝統的漢字を尊重する台湾および華僑、(2)独自の略字を用い始めた中華人民共和国、(3)別の略字を用いる日本、(4)漢字そのものをほとんど廃止してしまった朝鮮およびヴェトナムの四つに分裂しつつあるから、なおさらここで日本独自の文化形成を考える必要があると思います。

8　筏のたとえ――宗教宗派を超えるもの

宗教の相対性

宗教の教義は、しょせん、相対的なものにすぎない、ということを仏教では明言しています。『金剛経』という経典がありますが、そこで仏のことばとしてこう言っております。「如来はつねに説けり。「汝ら比丘《びく》よ、わが説法を筏《いかだ》の喩《たと》えのごとしと知る者は、法すらなおまさに捨つべし。いかに況《いわ》んや非法をや」と(43)」

これは漢訳文ですが、それのサンスクリット原文には、次のように記されています。「如来は、この趣意で、次のようなことばを説かれた――「筏の喩えの法門を知る人は、法をさえも捨てなければならない。まして、法でないものはなおさらのことである」と(44)」

他人になにごとかを教え指導するためには、相手に応じた工夫がいります。相手の人柄、性質、置かれている立場を考えてやらねばなりません。一律に処方箋をあてがうようにはいきません。

教えは筏のようなものであるということは、原始仏教以来説かれていました。「譬《たと》えば街道を歩いていく人があって、途中で大水流を見たとしよう。そしてこちらの岸は危険で恐ろしく、かなたの岸は安穏で恐ろしくないとしよう。しかもこちらの岸からかなたの岸に行くのに渡舟もなく、また橋もないとしよう。そのときその人は、草、木、枝、葉をあつめて筏を組み、その筏に依って手足で努めて安全にかなたの岸に渡ったとしよう。

かれが渡り了《おわ》ってかなたの岸に達したときに、次のように考えたとしよう。すなわち

「この筏は実にわれを益することが多かった。われはこの筏に依って手足で努めてかなたの岸に渡り終えた。さあ、わたくしはこの筏を頭に載せ、あるいは肩に担いで、欲するがままに進もう」と。汝らはそれをどう思うか？　その人がこのようにしたならば、その筏に対してなすべきことをしたのであろうか？

「そうではありません。尊師さま！」(45)(『マッジマ・ニカーヤ』)

宗教の教えというものは、悩める人間を、流れを超えてかなたの境地へ導いていく、その方便であり手段です。渡り終わって目的を達したならば、その筏は捨てられねばなりません。だから宗教の教義というものも、その義務を果たしたならば、それを捨てて、またかなたのものをめざすべきです。

教えというのは、ある特定の状況において特定の人、あるいは人びとに説かれたものであるから、状況や事情が変化したならば、教えは捨て去られねばなりません。誤って奉ぜられていた非法は、なおさらのこと捨てられねばなりません。

人類の過去の歴史を見ますと、いずれかの宗教の開祖が説き、それを後世の教義学者は敷衍《ふえん》して教義を作る。それを固定的に考え、後生大事に保存している人びとがいた。いかなる理由で特殊な教義が説かれたのか、そのわけを理解しようとする試みを拒絶した。その結果、いつのまにか宗教の本来の目的には反するようなことが起き、はては宗教戦争が勃発し、人を殺すような愚かなことを行ない、異端者は残酷に処刑されました。

今日では、宗教の対立は弱まっていると思います。しかし、そのかわりにイデオロギーの対立相剋《そうこく》が深刻です。あるいはイデオロギーと結びついた国家エゴイズムが対立抗争しているのだと言うべきであるかもしれません。もし教条主義にとらわれるならば、人類を破滅に導く恐れがあります。教義は役目を果たしたならば、捨て去られねばなりません。人類を破滅に追いやるものは、頑冥《がんめい》な教条主義ではないでしょうか。

そこで宗教に関しては、とくに寛容の精神が必要となります。

「自らの宗教に対する熱烈な信仰により、「願わくは自己の宗教を輝かしめよう」と思って、自分の宗教をのみ称揚し、あるいは他の宗教を非難する者は、こうするために、却《かえ》って一層強く自らの宗教を害《そこな》うのである。ゆえにもっぱら互いに法を聴き合い、またそれを敬信するためにすべて一致して和合することこそ善である。けだし神々に愛される王(アショーカ王)の希望することは、願わくはすべての宗教が博学でその教義の善きものとなれかし、ということだからである」(アショーカ王の詔勅)

古代インド・マウリヤ王朝のアショーカ王(西紀前三世紀)は、現在のインド連邦、ネパール王国、パキスタン、アフガニスタンのみならず、ソ連領中央アジア、中国領中央アジアまで支配した大帝王でしたが、このような普遍的国家においては、諸種の民族が生存し、種々異なった宗教を信奉していたので、当然「信教の自由」ということが問題になりました。それは「寛容」につながる問題です。

アショーカ王は熱烈な仏教信者でしたが、決して他の諸宗教を排斥することはありませんでした。かれはジャイナ教、バラモン教、アージーヴィカ教をも、保護し援助しました。かれは、もろもろの宗教の感化が民衆一般の間に広く普及することを熱望していました。

かれは特殊な一つの宗教のみを真正な宗教として保護して他の諸宗教を弾圧しようとしたのではなくて、すべての宗教の盛んなことを願ったのです。「一切の宗教の者があらゆる所において住せんことをねがう」というのが、かれの心願でした。かれは、各宗教各宗派が互いに争うことなく、相提携し協同して法の実現に向かって邁進《まいしん》することを理想としていました。

ここで「法」というのはインドの原語「ダルマ」の訳です。西洋の「宗教」(レリジョン)という語を南アジアの人びとは「ダルマ」と訳しています。それはまた「倫理」とも訳されえます。「宗教」と「倫理」とを区別するのは、ヨーロッパ的な局地的な見解であって、汎地球的な見解ではありません。

かれは、諸宗教の信仰の自由と活動の自由を認めて、それぞれの本質・特徴を発揮させることが最大の保護であると考えていました。かれが仏教信者でありながら、しかも他の宗教を保護し援助したのは、どういうわけでしょうか？　仏教信仰の念において欠けるところがあるのではないか、との疑問が一応起こります。

しかし最初期の仏教は、覚者（ブッダ）すなわち万有の真理を体得した人の説であり、偏狭な先入見を去って、ありとあらゆるものにその存在理由を認め、種々の思想的立場に対しては、その由《よ》って成立する所以《ゆえん》を洞察するものでした。そうしてその立場は他の教えと同じ次元において対立するものではありませんでした。それらを超越して、しかも包含しているところのものでした。

現代においては諸種のイデオロギーの対立の問題についても、同様に高く大きな立場からの対処が必要となってくるでしょう。

寛容の精神の現実化

寛容の精神を現実化するためには、みずから反省することが必要です。

「もしも愚者がみずから愚であると知れば、すなわち賢者である。愚者でありながらしかもみずから賢者と思う者こそ、愚者と名づけられる」(46)

多分に逆説的な表現ですが、案外、人間の真相をついているように思われます。

人はとかく自分に都合のよいニュースだけが耳に入ってきます。口にしては悪いと思うようなことは、他人は自分に告げてくれません。そこで、いつのまにか自分は偉い人だ、賢者だと思うようになりがちです。そうすると、人は自分だけが偉くて、他人は劣っていると思いがちになります。ここに、人間にとっての「わな」があります。

「自分をほめたたえ、他人を軽蔑し、みずからの慢心のために卑しくなった人――かれを賤しい人であると知れ[47]」

人間が高貴であるか、賤しい人であるかという区別は、心の如何《いかん》によります。他人からの何気ない批判のことばを耳にして反省するならば、自分の愚かさ、至らなさに気づくようになります。それに気づかないで無謀なことを行なうと、とんでもない蹉跌《さてつ》を経験します。自分では相当に周到に考えて実行したつもりであっても、思わぬところに手落ちがあったりします。

謙虚になれ、ということを人びとは互いに教え合っています。しかしなかなかそのとおりの気持ちにはなり難いようです。むしろ、自分が愚かである、欠点がある、力が弱い、という事実を直視することによって、人は、言われなくても謙虚にならざるをえないでしょう。そうしてその事実を直視することによって、本当の力が出てきます。過つことのない力です。

一つの民族、一つの国家についても、同じことが言えるのではないでしょうか。

このごろ高官の放言が問題になっていますが、それはこちら側の弱さに気づかないためではないでしょうか。先年、マッカーサーは「日本人はみんな一二歳の未熟児だ」と放言しました。そのころ日本人は外国からいかに侮辱されても、ぐうの音も出ませんでした。ところが今度は、日本の高官が自分のした発言について、平あやまりをして、土下座をせねばなりませんでした。土下座外交をせねばならないほど、日本は弱いのです。いま少々経済的に好況であるといっても、いつ逆転するかわかりません。外国に投資した資金が永久に凍結されないという保証がどこにあるのでしょうか。

この弱みに気づくことによって、初めて堅実な国策が確立するのではないでしょうか。

9　傲慢になるな

傲慢《ごうまん》になるなかれ、ということは、民族意識についても言えることです。

「道整はすでに中国に到り、沙門の法則、衆僧の威儀、事に触れて観るべきを見、すなわち秦土辺地の衆僧の戒律の残欠せるを追歎して誓っていわく、今より已去、仏となるを得るに至るまでは、願わくは辺地に生まれざらんと。ゆえに遂に停って帰らず。法顕は本々心に戒律をして漢地に流通せしめんと欲す。是において独り還る」(『高僧法顕伝』)

悲愴な告白です。漢人であった法顕（西紀三三七—四二二？）は六二歳の高齢にして、朋輩、道整らと長安を発し、砂漠の難路をよぎり、六年を経て、インドの旧都パータリプトラ（現在のパトナ）に達しました。その地で仏法が立派にまもられ、実践されているのを見て、道整はもはや故国に帰らず、インドに骨を埋めるという決心をしました。しかし法顕は、自分のもとめた戒律を「漢地」に伝えたいという誓願のために、親友とも別れて、故国に帰りました。

ここで「中国」といっているのは、ガンジス河の中流地域のことであって、漢民族のことではありません。つまり、宗教的伝統がきちんと保持されているところの、世界の中心の国ということです。これに対して、自分の国のことは、「秦（シナ）土辺地」と呼んでいます。

総じてインドでは、漢民族のことを、叙事詩『マハーバーラタ』以来サンスクリット語で「チーナ」と呼び、現代のインド、ネパール、スリランカなどの諸言語では、最後の母音を落として「チーン」と発音します。つまり「秦」に由来するのです。

ここから次のことが知られます。

偉大な文化的伝統を生み発展させた国の人でも、高い理想を求めるときには、自分たちが世界の中心であるという中華意識を捨てていました。これは他の民族についても、否、われわれについても言えるでしょう。自分たちの国が、またその文化が、世界に卓越したものだと思うとたんに、傲慢になり、独善的になります。そうして過ちを犯すことになる恐れがあります。

第二に「中国」というのは、右の例からも見られるように、すでに漢字の古典においてさえ普通名詞なのです。だから、わが国にも「中国地方」なるものがあります。したがって一つの民族が、この名称を独占するいわれはないのですが、隣人がそのように呼ばれるのを欲するのであれば、礼儀として社交的な交際に関する限り、その希望に従ったらよいでしょう。なるべく他人の欲するようにしてあげればよいのです。

しかし学問の世界は別です。精密でなければなりません。妥協をしてはなりません。漢民族の文化は、西洋人がしているように、シナと呼ぶべきであり、チベットや蒙古などとは区別されるべきです。チベットは「中華人」から見れば「吐蕃《とばん》」つまり野蛮人だったのです。しかし政治的な意味では「中華人民共和国」の中に含まれます。

そうして反省を通して力強い確信が現われ出てきます。

「ただ謗《そし》られるのみの人は、過去にもいなかったし、未来にもいないであろう。現在にもいないであろう。またただ褒《ほ》められるのみの人も、過去にもいなかったし、未来にもいないであろう。現在にもいない」(48)

われわれは、複雑な人間関係の中に生きているのであるから、当然、ほかの人びとが自分をどう見ているか、他人の評判を気にします。

ところで、ある事を企てる場合に、あらゆる他人が百パーセント賛成し支持してくれるということは実際上ありえません。自分で十分に事情を調査し、慎重に熟慮したあとで、あることをしようと決意し、そのことがらが自他ともに役立ち、意義のあることであるということが判明したならば、断乎として実行すべきでしょう。

総じて何か新しいことを始めようとすると、必ず非難が起こります。人の口の端《は》にのぼるような場合には、裏面では必ず悪口をいわれるものです。

「これは、昔にも言うことであり、いまに始まることでもない。沈黙せる者も非難され、多く語る者も非難され、すこしく語る者も非難される。世に非難されない者はいない」(49)

まったくやり切れない次第ですが、これが世の中の実情でしょう。

それにもかかわらずあえて実行するためには、世の人びとの反対や非難が何にもとづいているのか、その理由を、詳細に知り他人の反対意見に謙虚に耳を傾けるべきでしょう。そうして、そのあとで、それらの反対理由をいかにして解決しうるかをじっくり考えて実行すべきでしょう。

反対意見や悪口というものは、その当人には、なかなか達しないものであるから、その心がけがなおさら必要です。自分でも思い当たることが、いろいろあります。外国のある会合でわたくしが講演したあとで、主催者のあるひとがわたくしに言いました。

「あなたは、やっぱり学者だなあ！　言ってはならぬことを言った！」

と。わたくしがキョトンとしているうちに、すぐ他の人びとにつかまって、それっきりになってしまいました。

わたくしは、そのときに、もう少しくわしく聞き返すべきでした。そうしなかったのは、おそらく、不愉快なことには触れたくない、という深層心理がはたらいていたためでしょう。わたくしは、自分にとって最も大切なことを教えられる機会を、永久に逸してしまいました。

われわれは、つねに行動をしながら生きているのですから、行動を起こす前にも、その途中でも、またそのあとでも、我執を離れて、〈無我〉の気持ちになって、虚心坦懐《たんかい》に人の言に耳を傾けるべきでしょう。「だれだって非難されているのだ」、お釈迦さまでさえ非難された、と思えば、他人から何か言われても、腹の立つことはないでしょう。

10　向上の一路

「自分で決定する」ということの意義を、禅僧は、次のように説いています。

「向上一路　千聖不伝　学者労形　如猿捉影」(盤山宝積)

向上の一路は、千聖《せんしょう》も伝えず。学者は形を労するも、猿の、影を捉《とら》ふるがごとし。

盤山宝積《ほうしゃく》は中国唐代中期の禅僧で、この語は『碧巌集』第十二則や『景徳伝灯録』七巻などに引用されています。

「向上」とは、絶対の仏の境地(上)を体得すべく、修行に専心する(向)ことです。したがって「向上の一路」とは、さとりをめざす一筋の道をいいます。ところでその道を歩み努めるというのが、人間として最上の境地であり、純粋のぎりぎりのところです。

歩みいくこと自体が究極のものであり、それは言語、思慮を絶したものです。世間の「学ぶ者」たちは、なんとかして、その境地を言語・思慮をもってとらえようとして、あだ、こうだ、といろいろ苦労するが、達成することができません。譬えていうと、猿が樹にぶら下がって手を出して、水面に映った月をとらえようとするが、必ず失敗に帰してしまうようなものです。月、すなわち究極の境地は、遠いかなたにあるが、自分で体得すべきものである、と言おうとするのです。

考えてみれば、われわれの人生の行路は、何らかの意味で理想をめざす一筋の道です。その間に失敗や挫折もあり、紆余《うよ》曲折もあるでしょうが、目標をめざしているものであるというとについては違いはないでしょう。

しかしその目標は何かということになると、めざす方向は一様であっても、具体的にどのようなものかというと、人によって具体的な内容はかなり異なるでしょう。また努める人の素質や能力も千差万別です。そこで理想を達成し実現するしかたは、当然人ごとに異なるはずです。

道理とか理法とかいうものは、ことばによって他人に伝えられ説かれるものですが、ことばは他人と共通のものであり、共通の理解を起こさせます。共通に用いられるのでなければ、それはことば(言語)と呼ばれることはできません。

しかし各個人には、他人とは共通の同類のものとしては尽くせないものがあります。各個人の生い立ち、素質、能力、性向については、独自のものがあります。そうしてその人だけが行動を決定し決断すべき独自の生活場面というものがあります。他人が教えてくれた道理や教説を生きたものにするのは当該個人だけであり、他人の問題ではありません。

そして自分自身だけが決定せねばならぬことであるからこそ、絶えずみずから反省し、謙虚に他人の意見を傾聴し、他人の美点に注意しなければなりません。

「もしも愚者が愚であると知れば、すなわち賢者である。愚者であってしかもみずから賢者と思う者こそ、愚者と名づけられる[50]」

自らの愚を知って慎重に考慮するが、最後に決断を下すものは自分なのです。

11　老いの解決

人生晩年の自覚

人生は必ず晩年を迎えます。老齢が迫ってきます。

「愚かな凡夫は、みずから老いゆくもので、また老いるのを免れないのに、他人が老衰したのを見て、考え込んでは悩み、恥じ、嫌悪している。われもまた老いゆくもので、老いるのを免れない。自分こそ老いゆくもので、同様に老いるのを免れないのに、他人が老衰したのを見ては、悩み、恥じ、嫌悪するであろう——このことはおのれにはふさわしくない、と言って(51)」

この言葉はさらに次のように続いています。

「愚かな凡夫はみずから病むもので、また病を免れず、他人が病んでいるのを見て、考え込んでは、悩み、恥じ、嫌悪している。われもまた病むもので、病いを免れない。自分こそ病むもので、同様に病いを免れないのに、他人が病んでいるのを見ては、悩み、恥じ、嫌悪するであろう——このことはおのれにはふさわしくない、と言って。

愚かな凡夫はみずから死ぬもので、また死を免れないのに他人が死んだのを見て、考え込んでは、悩み、恥じ、嫌悪している。われもまた死ぬもので、死を免れない。自分こそ死ぬもので、同様に死を免れないのに、他人が死んだのを見ては、悩み、恥じ、嫌悪するであろう――このことはおのれにはふさわしくない、と言って」

これはゴータマ・ブッダが、若い時のことを回想して述べた言葉です。彼は若い時には、このように感じていたのです。

こういう感想には「驕《おご》り」がひそんでいます。「驕りたかぶる」ということは、普通は高位顕官にある人びと、財産のある富豪、深い学殖をそなえた学者、常人のまねのできぬ技術をもつ職人、芸術家などのもつものであると考えられ、ときには世人は、こういう高ぶった態度を示す人びとを非難します。

しかし問題はもっと深刻です。非難する世人自身が、実は「驕り」をもっているのです。若い人びとには、自分は若いという「若さの驕り」があります。また若さを失った人びとでも、自分は元気だという「健康の驕り」があります。さらに老齢になって病気になった人でも、自分はまだ生きているという「いのちの驕り」があります。仏典では、以上の三つを「三つの驕り」と呼んでいます。

その驕りは、人間にとって本質的なものです。そうして空虚なものです。いつかはくずれ落ちるのです。それを自覚するならば、若いうちにすべきことは、若いうちにしておこう。健康なうちにできることは、健康なうちにしておこう。病気になってさえも、できることがあります。和顔愛語をもって他人に接するということなら、病人や老人でもできるはずです。

さらに力のある人は、その力が実は限定されたものであることに思いを致すべきでしょう。そのように自覚するならば、人に対する思いやりのある世の中をつくることができるでしょう。

こういう反省をもつと、老齢となったということが、そのまま力をつけたことになります。

「ある修行者たち、バラモンたちはこのような説をなし、このような見解を抱いている――「この世で人が年若く、青年、若者であり、その髪が漆黒で幸福な青春にみちていて、人生の初期にあるならば、その間は最上の卓越せる知能をそなえている。しかしこの人が老い、老衰し、耄碌《もうろく》し、高齢にして、すでに人生の終わりに達し、八〇歳または九〇歳または百歳になったときには、その卓越せる知能から退き堕《お》ちる」と。しかしそのように見なしてはならない(52)」

このあとに、こう続いています。

「わたくしは今老い、老衰し、耄碌し、高齢にして、すでに人生の終わりに達し、わが齢《よわい》は八〇歳である。ここに四人の弟子が百歳を寿とし、百歳を生き、最上の記憶、最上の風格、最上の気力、最上の卓越する知慧を具《そな》えていたとしよう。たとえばよく訓練され、最上の学習し、巧みで、熟達せる弓術師が、軽い矢を以て、容易にターラ(しゅろ)の葉陰を横ぎって射越するように、かれらは極めてよく記憶し、極めてよい風格があり、極めて旺盛な気力があり、最上の卓越せる知能を具えている。

かれらは、解説されたことをすでに解説されたとおりに受けもつであろう。そうして二度とそれ以上にたずねることはしないであろう。人格完成者の説法は尽きることがない。かれの教えの字句は尽きることがない。かれの問答は尽きることがない。さてわが四人のかの弟子たちは百歳を寿とし、百歳を生き、百歳を経て死ぬであろう。汝らがわたくしを床座(寝台)にのせて運ぶとしても、人格完成者の卓越せる知能(知慧)には変わりがないのである」(53)

人間が晩年に気力が衰えてからどのように生きるかということは、なかなか難しい問題です。文明が進歩して老人が多くなった現代においてはとくに論議されていることですが、原始仏教の時代においてもすでに問題とされていたことでした。

「人は老齢に達すると耄碌し、ボケてくる。若いうちが花だ」、これはよく世間でいわれることです。これに対して釈尊は反駁《はんばく》していいます――自分は八〇歳となり、老齢に達したが、無尽蔵の精神能力をもっている。もう歩くことができなくて、床座にのせて、人がかついで歩くほどになっても、その精神能力に変わりはないといいます。

大変な自信です。のみならず、このことはブッダという特別の人にのみ限られたことではありません。四人の弟子は百歳に達するまで生きるでしょうが、かれらも「最上の記憶、最上の風格、最上の気力、最上の卓越せる知慧」をもっていることが可能である、というのです。

はたして実際に歴史的人物としてのゴータマ・ブッダがこのように言ったのか、あるいはかれの晩年にかれを尊崇する信徒たちがこのような感想をかれにかこつけたか、どちらであるかはわかりません。しかし最初期の仏教徒たちの間でこういう見解の存したことだけは確かな事実です。

高齢に達してもなお精神能力の衰えない人びとが実際に存在する。その境地は人為的努力によって到達しうるかどうかは問題ですが、人格を完成した人には可能なのであり、人格を完成した人の境地にはなんびとも達しうる、と最初期の仏教では考えていたのです。

このように晩年の自覚をもつと、生きているというだけで楽しいことです。生きているということ自体に感謝すべきです。

ブッダ最後の旅

ゴータマ・ブッダは、最後の旅に出かけたとき、曾遊《そうゆう》の地ヴァイシャリー（商業都市で共和国）において、次のような感慨を洩らしています。

「ヴリジ族の土地、ヴァイシャリーは楽しい。チャーパーラ霊樹の地は楽しい。七本のマンゴー樹のある霊樹の地は楽しい。葉の繁った霊樹の地は楽しい。ガウタマと名づけるバニャン樹は楽しい。シャーラ（沙羅）樹の林は楽しい。〈マッラ族の荷をおろしたところ〉という霊樹の地は楽しい。〈猿池の堤〉という霊樹の地は楽しい。世界は美しいもので、人間の生命《いのち》は甘美なものだ(54)」（サンスクリット文『マハーパリニルヴァーナ経』）

ゴータマ・ブッダは齢《よわい》八〇に垂《なんな》んとして、当時最大の強国のマガダの首都であった王舎城を去って、おのが生まれ故郷をめざして旅に出ました。車には乗らず、歩いていくのですから、大変なことです。

その最後の旅の途中で、当時の最も活発な商業都市であったヴァイシャリー市を通って、さらに故郷の方角をめざすのですが、そこで、かれの発した感慨のことばです。ヴリジ族というのは、当時のヴァイシャリー市を支配していた貴族たちです。

この都市には幾つかの霊樹があり、その根もとには小さな礼堂があり、何らかの神を祭っていたらしいです。インドでは日中は太陽の直射が強いから、修行者たちはこのような霊場の大樹の下で休息するのでした。ガンジス河流域では草木が密生するということはないが、ポツンポツンと、バニヤンなどの大樹が枝葉を広げています。その下で休むと、まことに涼しく感ぜられます。だからゴータマ・ブッダにとっては、これらの霊場がたまらなく親しくなつかしいのです。

ところで最後に、いわばまとめのことばとして、「世界は美しいものだし、人間の生命は甘美なものだ」という感慨を述べています。それに対応する漢訳には、

「この世界の土地は五色をもて画《か》いたようなもので、人がこの世に生まれたならば、生きていることが楽しいことだ」（閻浮提《えんぶだい》の地は、五色もて画きたるがごとし。人の、世に生まるるや、寿を以て楽しとなす(55)）

と記されています。人が死ぬとき、この世の名残を惜しみ、死に際していまさらながらこの世の美しさと人間の恩愛にうたれる。それがまた人間としてのゴータマ・ブッダの心境であった、と昔のインドの仏教徒も考えていたのです。

後代の教養学によると、死ぬときに未練がましいことを言うのは、「未だ悟っていない」ことになるのです。しかし自分の生まれた土地、環境に喜びを感じ、縁のあった人びとに感謝して、自分の一生を楽しかったと思って去ってゆくのは、願わしい心境ではないでし

ょうか。

*

以上、昔の仏典の多数のことばの中から、あるいはご参考になるのではないかと思われることばを選んでご紹介し、愚見をもって敷衍させていただきました。いろいろ不適当な解釈もあったかもしれませんが、それはまた皆さまがよくお考えくださいまして、なんとか人間の真実というものを具現するように、社会諸方面の皆さまにご指導願いたいのでございます。

〈仏典のことば〉出典について

本文中に引用した〈仏典のことば〉の典拠を記しておきたい。本文行間の注指示番号に該当するものである。表記にあたって、仏典名は長く煩瑣なので、略号を用いることにした。略号は、以下の「引用仏典の略号表」を参照されたい。

引用仏典の略号表

AKV　Abhidharmakośa-vyākyā（アーウィダルマコーシャ・ヴァーキャー）

AN　Aṅguttara-Nikāya（アングッタラ・ニカーヤ　訳名・増支部）

Dhp　Dhammapada（ダンマパダ　法句経）

Divyav　Divyāvadāna（ディヴヤーヴァダーナ）ed. by E. B. Cowell and R. A. Neil. Cambridge 1886.

DN　Dīgha-Nikāya（ディーガ・ニカーヤ　長部）

G　Gāthā（ガーター）

Itiv　Itivuttaka（イティブッタカ　如是語）

J	Jātaka(ジャータカ　本生経)ed. by V. Fausböll, vols. I-VII. London, 1877-1897.
MN	Majjhima-Nikāya(マッジマ・ニカーヤ　中部)
SN	Saṃyutta-Nikāya(サンユッタ・ニカーヤ　相応部)
Sn	Suttanipāta(スッタニパータ　諸経要集)
Therag	Theragāthā(テーラ・ガーター　長老の詩)
Therig	Therīgāthā(テーリー・ガーター　長老尼の詩)
Utt	The Uttarādhyayanasūtra,(ウッタラーディヤヤナ・スートラ)ed. by Jarl Charpentier. Uppsala. 1922.
Sv	Sumaṅgalavilāsinī,(スマンガラヴィラーシニー)ed. by W. Stede, London 1932.
大正蔵	大正新修大蔵経
為禅	『竜樹菩薩為禅陀迦王説法要偈』宋求那跋摩訳
カニカ	Mahārāja-Kanika-Lekha, by Mātṛceta.
金光	The Suvarṇaprabhāsasūtra, ed. by Nanjio and Idzumi, 1931.
集要	『諸法集要経』第一〇巻，王者治国品第三五

善生経Ⅰ　漢訳『長阿含経』第一一巻に収められた『善生経』第一二
善生経Ⅱ　漢訳『中阿含経』第三三巻に収められた『善生経』第一九
大薩　『大薩遮尼乾子所説経』第三—五巻、王論品第五
宝行　『宝行王正論』
念処　『正法念処経』

その他の略号は学界の通例によった。

パーリ文のテクストは高楠順次郎博士監修『南伝大蔵経』のうちに邦訳されているが、いまわたくしは、ここでは別に翻訳を試みた。Jātaka 以外はパーリ聖典協会のテクストによった。

読者のための出典

プロローグ

（1）Sn-581
（2）SN 3-120
（3）パーリ文『マハーパリニッバーナ経』2-25
（4）同 1-4
（5）Sn 944
（6）『マハーパリニッバーナ経』2-25～6
（7）サンスクリット文『ガンダヴューハ』-34
（8）『華厳経』61巻（大正蔵 10-329）
（9）Sn 804

I　経済的行為の意義

（1）J 2-232
（2）同
（3）AN 2-32G
（4）AN 1-115～6
（5）DN 3-185G
（6）同-184
（7）Sv p. 947
（8）AN 4-323
（9）DN 3-184 G
（10）同-184～5 G
（11）同-182
（12）AN 4-287
（13）Sn 106

(14) 同 112
(15) DN 3-185
(16) 同-184
(17) 同-185
(18) 同-138
(19) 同
(20) 同-183
(21) J 3-535
(22) AN 4-324
(23) J 4-177
(24) AN 1-116～7
(25) Sv p. 951
(26) Therag 670
(27) J 6-113
(28) 同 1-220
(29) 同-252
(30) DN 3-177
(31) SN 1-102G
(32) DN 3-188
(33) 『長阿含経』のうちの「善生経」I（大正蔵 1-72）
(34) Sn 187
(35) Sn 120
(36) J1-378
(37) 同-122
(38) AN 1-129～30G
(39) 「善生経」I
(40) 「善生経」II（大正蔵 1-642）
(41) J 4-5G
(42) J 2-413G
(43) AN 1-150
(44) Itiv 26 G SN 1-32 を参照
(45) SN 1-20
(46) 同 7-44
(47) 『雑阿含経』4巻（大正蔵 2-24～6）
(48) SN 1-100G
(49) Itiv 75 G
(50) Divyav 57

(51) Sn 506
(52) AN 1-294 G
(53) Dhp 106
(54) J 3-470
(55) Utt 7-13
(56) Sn 227
(57) Itiv 90 G
(58) Sn 102
(59) J 3-299
(60) AN 2-68~9
(61) Itiv 26 G
(62) 同 98 G
(63) 同 75 G
(64) 「善生経」 I
(65) 同 II
(66) J 3-12 G
(67) 同 2-367
(68) 同-129
(69) SN 1-92
(70) MN 3-257
(71) SN 1-18 G　20 G
(72) J 4-65 G
(73) 同 5-387 G
(74) 『賢愚経』 3巻(大正蔵 4-370 以下)
(75) SN 1-18 G
(76) DN 2-136 G
(77) AN 3-377 G
(78) 『さとりへの実践入門』 5-9(漢訳『菩薩行経』に相当)
(79) AN 3-337 G
(80) 同-354 G
(81) 『金剛経』 第4節
(82) 『大乗本生心地観経』 1巻
(83) 澄観『大方広仏華厳経疏』 19巻
(84) 『雑阿含経』 4巻
(85) cf AN 2-67~8
(86) 同-67~8
(87) 同 3-45~6

(88) 同-287
(89) SN 4-332～3
(90) J 6-378～9
(91) DN 1-135
(92) SN 1-33G
(93) 『諸徳福田経』(大正蔵 16-777)
(94) J 6-120
(95) AKV 353～4
(96) J 6-201
(97) 同-208
(98) 同-213
(99) J 4-422
(100) Sn 404
(101) AN 4-322, 281
(102) 同 3-208 J 3-47 G
(103) Therag 204, 242
(104) SN 42-2
(105) 同
(106) 同-5
(107) Therag 194
(108) J 4-66 G
(109) AN 3-337G
(110) 『中阿含経』 29巻(大正蔵 1-612)
(111) パーリ文長部経典のうち「シンガーラへの教え」
(112) Sv p. 956

II　政治に対する批判

(1) 『大無量寿経』 五悪段
(2) 同
(3) 同
(4) J 5-99
(5) 同-102
(6) Therag 777
(7) SN 1-69
(8) J 4-176
(9) 同 5-109

(10) 同-222 G
(11) 同-243
(12) 同-123, 223 G など
(13) J 6-224
(14) 同 3-111 G
(15) AN 2-76 G
(16) 『増壱阿含経』 51巻(大正蔵 2-828)
(17) J 6-224
(18) 同 4-428
(19) SN 1巻(コーサラ・サンユッタ)
(20) J 5-100 G
(21) 同 4-135 G
(22) 同 4-321
(23) 『六度集経』 1巻(大正蔵 3-3)
(24) SN 1-116
(25) Sn 1002
(26) SN 3-1
(27) 同
(28) Sn 705
(29) Dhp 129, 130
(30) Therag 777
(31) SN 1-85 G
(32) Sn 114
(33) 『ジャータカ』 51
(34) パーリ文『マハーパリニッバーナ経』
(35) 『増壱阿含経』 26巻
(36) DN 1-135
(37) 宝行(大正蔵 32-498)
(38) 同(同-499)
(39) 同
(40) 『大集経』 24巻(大正蔵 13-173)
(41) 『大般若経』 583巻(大正蔵 7-1016)
(42) 同 430巻(同-163)
(43) 同 558巻(同-878)
(44) 念処 10巻(大正蔵 17-53)
(45) 大薩(大正蔵 7-333)
(46) 宝行(大正蔵 32-499)
(47) 念処 54巻(大正蔵 17-317)

(48) 集要(大正蔵 17-515)
(49) 『ブッダ・チャリタ』2-44
(50) 大薩(大正蔵 9-338)
(51) 『仏為勝光天子説法経』(大正蔵 15-125)
(52) 念処55巻(大正蔵 17-323～4)
(53) 『優婆塞戒経』 3巻(大正蔵 24-1047)
(54) 同(同-1050)
(55) 『四十華厳』 12巻(大正蔵 10-717)
(56) 『ラトナーヴァリー』4-12
(57) 宝行(大正蔵 32-499)
(58) 『王法正理論』(大正蔵 31-860)
(59) 念処54巻(大正蔵 17-319)
(60) 同(-318～9)
(61) 『ブッダ・チャリタ』2-40
(62) 『大法鼓経』下(大正蔵 9-297)
(63) 『合部金光明経』 6巻(大正蔵 16-390)
(64) 『大毘婆沙論』 123巻(大正蔵 27-584～5)
(65) 宝行(大正蔵 32-404)
(66) 大薩(大正蔵 9-336～7)
(67) サンスクリット文『ガンダヴューハ』-332
(68) 集要(大正蔵 17-515)
(69) 『王法正理論』(大正蔵 31-857～8)
(70) 集要(大正蔵 17-515)
(71) 宝行(大正蔵 32-496)
(72) 『王法正理論』(大正蔵 31-859)
(73) カニカ17(大正蔵 7-333)
(74) 為禅(大正蔵 32-745)
(75) 『四十華厳』 12巻(大正蔵 10-717)
(76) 念処60巻(大正蔵 17-353)
(77) 『大智度論』 93巻(大正蔵 25-711)
(78) 同12巻
(79) カニカ31
(80) 『大乗宝要義論』 4巻(大正蔵 32-59)
(81) 『八十華厳』66巻(大正蔵 10-355)
(82) 『四十華厳』12巻(大正蔵 10-717)
(83) 『ラトナーヴァリー』4-20
(84) 月輪賢隆著、宝幢会刊『蔵・漢・和三訳

合璧勝鬘経・宝月童子所問経』-23
(85) 『王法正理論』(大正蔵 31-860)
(86) 『八十華厳』 26巻(大正蔵 10-141)
(87) 『ラトナーヴァリー』 4-21
(88) J 5-100
(89) 『六度集経』 1巻(大正蔵 3-2)
(90) J 4-132
(91) 同 3-192 G　AN 2-32 G
(92) J 2-367
(93) 同 1-337～8
(94) AN 2-76 G
(95) 同 -274
(96) Dhp 121
(97) Sn 886
(98) 同 883
(99) 同 903
(100) 同 804
(101) 同 887
(102) 同 889
(103) パーリ文『ミリンダ王の問い』
(104) 大薩(大正蔵 9-333)
(105) 同(同 -329)
(106) 金光 48頌
(107) 同 12頌
(108) 『四十華厳』 12巻(大正蔵 10-715)
(109) 『八十華厳』 66巻(大正蔵 10-355)
(110) 念処 55巻(大正蔵 17-326)
(111) 金光 56頌
(112) 念処(大正蔵 17-317)
(113) 『金光明経』 13章16頌
(114) 同 38頌
(115) 同 21頌、 22頌
(116) 同 51頌
(117) 『正法正理論』(大正蔵 31-858～9)
(118) 大薩(大正蔵 9-333)
(119) 『四十華厳』 12巻(大正蔵 10-717)
(120) 『ラトナーヴァリー』 4-30～6
(121) 念処 17巻

(122) 宝行(大正蔵 32-501)
(123) 『大般若経』566巻(大正蔵 7-923)
(124) 大薩(大正蔵 9-334)
(125) 『正法正理論』(大正蔵 31-857)
(126) 『優婆塞戒経』3巻(大正蔵 24-1047)
(127) 『ブッダ・チャリタ』2-42
(128) 『仏為勝光王説王法経』(大正蔵 15-135)
(129) 『ラトナーヴァリー』4-33～5
(130) 『大宝積経』93巻(大正蔵 11-530)
(131) 『大智度論』36巻(大正蔵 25-323)
(132) Sn 804
(133) 『八十華厳』66巻(大正蔵 10-356)
(134) 宝行(大正蔵 32-498)
(135) 同
(136) 同(同-499)
(137) 同
(138) 『四十華厳』11巻(大正蔵 10-713)
(139) 念処55巻(大正蔵 17-325)
(140) 宝行(大正蔵 32-499)
(141) 『ブッダ・チャリタ』2-35
(142) カニカ19
(143) 宝行(大正蔵 32-498)
(144) J 5-413

III 理想社会をめざして

(1) Sn 145
(2) 同 146～7
(3) 同 149～51
(4) 『さとりへの実践入門』6-125(漢訳『菩薩行経』に相当)
(5) 同 3-18
(6) 同 6-125
(7) 同 5-85
(8) 同 5-9
(9) 同 5-109
(10) Dhp 1, 2
(11) 同 13

(12) 同 35, 36
(13) 同 42
(14) 同 43
(15) Therag 648
(16) パーリ文長部経典のうち「シンガーラへの教え」
(17) Sn 318
(18) Dhp 257
(19) Sv p. 956
(20) 同
(21) AN 1-132
(22) 「シンガーラへの教え」
(23) 同
(24) 同
(25) Sv p. 955
(26) 「シンガーラへの教え」
(27) Sv p. 955
(28) 「シンガーラへの教え」
(29) 同
(30) Sv p. 651
(31) 「シンガーラへの教え」
(32) 同
(33) DN 3-186
(34) 「シンガーラへの教え」
(35) Sn 106
(36) DN 3-184
(37) 同-185
(38) 同
(39) 同-182
(40) Sv p. 945
(41) 『楞伽阿跋多羅宝経』3巻
(42) パーリ文律蔵『チュッラヴァッガ』5・33・1, Vol II 139, l. f.
(43) 『金剛経』第6節
(44) コンズ校訂本による
(45) MN 1-134～5
(46) Dhp 63
(47) Sn 132

(48) Dhp 228
(49) 同 227
(50) Dhp 63
(51) AN 3-38
(52) MN No. 12, Vol I, pp. 82～3
(53) 同
(54) サンスクリット文『マハーパリニルヴァーナ経』15・9-202
(55) 訳者不明の『般泥洹経』上(大正蔵1-180)

中村元先生の人と業績

前田専學

私は、現在、東京大学文学部でインド哲学を担当いたしております。本日の講師であられます中村元先生は、私の大学時代の恩師であります。昭和四八年三月、先生が東京大学を定年で退官されて以来、不束《ふつつか》ではありますが、私が先生の後任をつとめております。

先生は、大変高名な方であり、書物やら、新聞やら、雑誌やら、いろいろのものに論文や随筆などを書かれ、またしばしばテレビにもご出演になっておりますし、いまさら私ごときものがご紹介申し上げるまでもないとは思いますが、役割上、あえてご紹介申し上げることにしたいと存じます。

＊

先生は、「元《はじめ》」というお名前が示すように、大正元年のお生まれで、島根県松江市の殿町で誕生されました。

お父上の中村喜代治氏は、四国讃岐のご出身で、東京物理学校で数学を勉強されて後、保険会社のアクチュアリをしておられ、『生命保険数理一斑』(保険新聞社、大正五年)など、保険数理に関する邦文では最初の著作の著者として知られている方で、先生によると、淳朴で、人びとのお世話を随分されたそうです。

お母上の中村トモ様は、松江市立松操高等女学校の第一回の卒業生であり、卒業とともに母校の助教諭をされたことがあります。大変に信仰があつく、謙虚な、礼儀正しい方で、訪問すると、一介の学生にすぎなかった小生にまで、きちんと正座し、深々とお辞儀をして迎えてくださるような方でした。

先生が、このように素晴らしいご両親からお生まれになり、松江市のお堀端にある、かつて小泉八雲(ラフカディオ・ハーン)が住んでいた家の近くで、短い期間であったとはいえ、成長されたという事実は、私には、先生を不世出の学者とし、かつ国際人にした遠因ではないかと思えてなりません、先生の伯父上は、中学のとき、ハーンから英語を習われたそうであります。

先生は、大正二年、お父上の都合で、松江から東京の本郷西片町に移住されました。昭和一一年、東大文学部印度哲学梵文学科をご卒業、昭和一八年、異例の若さで東大助教授に就任、昭和二九年教授となられ、昭和三九年から四一年までは文学部長をつとめられました。昭和四八年三月、東大を定年の申しあわせによりご退官、同年、同大学の名誉教授、さらに昭和五九年以来、学士院会員であられます。

先生の学問の領域は驚くべきほどに広範囲に及び、そのご関心は、日本、インド、中国、欧米のみならずユーラシア大陸全域にゆきわたり、かつ各領域で斬新・独創的・先駆者的な研究を行なっておられ、著作の数も量も膨大で、まさしく超人的であり、邦文と欧文の著書論文あわせて約千点以上にのぼります(そのうち欧文によるもの二百余点)。

＊

その中の文明論的な著作を集めた『中村元選集』をとりましても、これは全二一巻からなり、九〇センチ幅の本箱の一つの棚が、ゆうに一杯になります。相当な多作家でも、二一巻といえば『全集』ですが、先生の場合には、これはあくまでも『選集』でありまして、決して『全集』ではありません。そのうえ、この『選集』は、目下、あらたな構想と企画のもとに決定版として、全三二巻、別巻八巻として生まれ変わりつつあります。先生の著作全部を積み上げますと、先生の身長の二、三倍にもなるものと思います。おそらく、九〇センチ幅の本箱がゆうに一杯になる量ではないかと思います。欧米の学者でも、これほどの多作家は、寡聞にして存じません。

今申しましたように、先生の学問は大変に広いのであり、その著作の数も量も超人的であり、この限られた紙面で、しかも浅学菲才の身で、先生の業績の全容をご紹介するなどということはおよそ不可能であります。ここでは先生の学問の中核を成し、そのご業績の顕著な領域である、インド哲学と仏教学とインド史学ならびに比較思想の領域における先生の主な業績のほんの一端を紹介できるにすぎないことをお断わりしておきたいと思います。

＊

まずインド哲学の領域においては、『初期のヴェーダーンタ哲学』『ブラフマ・スートラの哲学』『ヴェーダーンタ哲学の発展』『ことばの形而上学』からなる『初期のヴェーダーンタ哲学史』四巻二千余ページからなる研究をあげねばなりません。これはインド思想の主流を形成しているヴェーダーンタ哲学の、従来ほとんど不明であった約千年にわたる初期ヴェーダーンタ哲学史を、文献学的・思想史的に再構成されたものであります。

これは先生の博士論文であり、その成果は世界に誇るべき画期的な研究で、先生は、昭和三二年に、これによって日本学士院賞恩賜賞を受賞されました。この研究は外国の専門家たちからも高い評価を受け、その英訳の出版が強く要望されておりました。ハーバード大学のD・H・H・インゴールズ教授の働きかけで同大学のエンチング研究所からの資金援助が得られ、昭和四二年に英訳が開始され、さる五八年、ようやく第一巻がインドの書店から *A History of Early Vedānta Philosophy* として出版されました。（第二巻は平成一六年に出版された。）

インド論理学に関しては、従来の研究方法の限界を指摘され、はやくも昭和二九年に仏教の重要な概念である空の解明に記号論理学の手法を適用されました。さらにインドの論理学派の根本聖典『ニャーヤ・スートラ』ならびにこれと関連の深い『ヴァイシェーシカ・スートラ』の邦訳を発表され、続いて記号論理学やアリストテレース論理学、インド論理学などを含めて、普遍的な基準から考察する「普遍的な論理学」または「構造論理学」といったものの必要性を説かれ、それへの足掛かりとして「インド論理学の理解のために」と題し、重要なダルマキールティ著『論理学小論』を平易な言葉で邦訳し、さらに難解で知られるインド論理学の術語を集め、それに正確にしてしかも平易な邦訳を与え、インド論理学の研究に新生面を開かれた功績は大きいものがあります。

先生のインド哲学に対する見逃すことのできないいま一つの功績は、『インド思想史』『ヒンドゥー教史』などの平易でありかつ標準的な入門書を執筆または編集して、近づき難いインド哲学を一般読者に開放されたことであります。とくに前者は出版以来三〇年近くなるのに、その叙述の範囲の広さと平明さ、参考文献の豊富さとあいまって、今日もなお最良の入門書として広く利用されております。

先生の著作の数が最も多いのは、おそらく仏教の領域においてであります。その中でも特筆すべきは、平易な現代語で書かれた仏教辞典の編纂・刊行であります。ご自分で以前に編纂された『仏教語邦訳辞典』、かつて監修の労をとられた『新・仏教辞典』を基礎に、不朽の『仏教語大辞典』三巻を完成されました。

今まで仏教辞典と言えば、見てもよく分からない難しい言葉で説明されており、その説明を理解するのにさらに辞書がいるというような状況でありました。しかしこの先生の辞典によって、専門家のみならず、一般読者も容易に利用でき、かつ信頼できる仏教辞典が初めて出現いたしました。本辞典が毎日出版文化賞ならびに仏教伝道文化賞の授賞(昭和五〇年)の対象となったことは、本辞典に対する学界の高い評価を物語っています。これに加えて、昭和六三年には、多数の図や写真を添えた『図説仏教語大辞典』を出版され、一般読者にとってのみならず、専門家にとりましても、大変に有益であります。

先生の仏教研究の主力は原始仏教に向けられ、この領域における多年のご研鑽は、全五巻二千五百ページから成る大著となって結実いたしました(『中村元選集』所収)。第一巻『ゴータマ・ブッダ』は、歴史的人物としての開祖ゴータマ・ブッダの実像に肉迫しようとし、第二巻『原始仏教の成立』においては、最初期の仏教を復元されました。第三・四巻『原始仏教の思想』では、最初期の仏教の思想を再構成しようと試みられました。第五巻『原始仏教の生活倫理』は、主として社会人としての倫理という、新しい視点から照明を与えられたものであります。原始仏教の研究は数多く出版されておりますが、先生の研究は確実な方法論にもとづく、まったく斬新・独創的な研究であります。

先生の思想史に関する関心は、日本の仏教・思想にも及び、『日本宗教の近代性』と『近世日本の批判的精神』として結実いたしました。さらに、その学殖と語学の才を生かして、わが国で英文で書かれた最初の日本思想史 *A History of the Development of Japanese Thought*(二巻)を著わされ、最近は、ドイツ語で書かれた *Ansätze modernen Denkens in den Religionen Japans* を出版されるなど、日本思想を海外に紹介された功績も大きなものがございます。

先生のいま一つの重要な貢献は、難解な仏教用語に適切・平易な現代語訳を与え、仏教聖典をやさしい日本語に翻訳して、一般読者にも容易に親しめるようにされたことであります。岩波文庫などに収められた『ブッダのことば――スッタニパータ』『般若心経・金剛般若経』などの原典からの邦訳は、その厳密な文献学的操作と相まって、仏典邦訳の基準となっております。

先生の思想史研究の優れた特徴の一つは、つねにその思想を産み出した歴史的・社会的背景を重視される点にあります。思想史を人間の生活の場との関連において理解しようとの立場から行なわれたインドの歴史・社会の諸研究は『インド古代史』上下二巻、約千二百ページに及ぶ大労作として結実いたしました(『中村元選集』所収)。本書は最古代からクシャーナ王朝までの歴史を、主として政治史と社会史を中心にたどったもので、その参考文献の豊富さにおいて他の追随を許しません。

先生の研究業績はインド哲学、仏教学の領域にとどまらず、比較思想・世界思想史などの範囲におよんでおります。その中でも、英訳されて海外において大きな反響を呼び、一躍世界的名声が確立したのは、大著『東洋人の思惟方法』であります。先生は本書によって米国スタンフォード大学の客員教授として招かれ、それを講義されました。

また昭和三八年、先生がハーバード大学で行なわれた公開講義の草稿は、カリフォルニア大学のR・バーによって編纂され、昭和五〇年上梓されたのが英文の労作 *Parallel Developments : A Comparative History of Idea* であります。この大著の日本語訳に、さらに加筆改訂を加えられ、面目を一新した『世界思想史』全七巻(『中村元選集』所収)を出版されました。これは先生の比較思想の方法論に立脚して、時代や、地域や、民族や、国家などの枠を超えて、ユーラシア大陸全域に現われた思想を包括し、人類の思想の歴史である世界思想史を構築されたもので、先生にしてはじめてできる、まさしく規模壮大な大宇宙が展開されており、読者を圧倒する迫力があります。

*

以上、先生の業績のほんの一端をご紹介いたしましたが、先生の業績に関しては、幸い、

『中村元の世界』(青土社、昭和六〇年)と題する四百ページに近い一冊の書物が出版されております。これは、先生の学問の世界を、(1)比較思想、(2)インド哲学、(3)原始仏教、(4)大乗仏教、(5)日本思想、の五つの分野に分けて、それぞれの分野を専門としている比較的先生の近くにいる五名の学者が分担執筆したものであります。

私もその執筆者の一人で、インド哲学の部分を担当いたしました。関心のおありのかたは、ぜひ一読していただければ幸いです。ここで強調したいのは、五名の専門家がライフ・ワークとしていることを、先生はお一人で悠々と、しかもその五名のものが必死になってやっている以上のことをやってのけておられるということであります。

先生のお人柄を知るには、新聞などに掲載された文章を集めた『東方の英知――わが師わが友』(玉川大学出版部、昭和五四年)が参考になると思います。さらに、先生の学問やお人柄を紹介した書物がもう一冊最近出版されました。それは先生の「自伝とも言うべき自伝」である『学問の開拓』(佼正出版、昭和六一年)であります。「自伝とも言うべき自伝」と申しますのは、これは先生のお名前で出版されてはいるものの、先生が書き下ろされたのではなく、この出版社の編集部の方々と先生との話しの録音にもとづいて、編集部の方が整理執筆してでき上がったものだからであります。

先生はまた、国内はもちろん、国際的にもとうてい人間業とは思えないような目覚ましい活躍をされております。このことは、すでに先生の業績をご紹介する過程で言及いたしましたが、この点に関しましては、先程ご紹介した『中村元の世界』のなかの「海外での活動」と題する章にくわしく紹介されております。

先生が日本のみならず、世界の学界にいかに多大の貢献をなし、高い評価を受けておられるかということは、国内においては文化勲章などの受章、外国においては数多くの栄誉と名誉学位の授与などという客観的事実によって知ることができます。すなわち、(1)昭和三二年に日本学士院賞恩賜賞、(2)昭和四九年に紫綬褒章、(3)昭和五二年、文科系では六四歳の異例の若さで文化勲章を受章され、(4)昭和五九年には、学者としては、これまた異例な勲一等瑞宝章を受章されました。

また先生は、昭和二六年にスタンフォード大学客員教授を皮切りに、毎年のように欧米・アジア諸国の諸大学で講義をされたり、あるいは会議や学会に出席になるなど、先生の海外渡航は、長短合わせて五〇回以上にものぼり、それればかりではなく海外の諸大学からは数々の名誉学位を、海外諸学会からは名誉会員の称号を得ておられます。

最後にもう一つご紹介したいことがあります。それは東方研究会理事長・東方学院学院長という、先生の現職についてであります。昭和四五年、当時の大学と大学紛争に絶望された先生は、東洋思想の研究とその成果の普及を目的として、財団法人東方研究会を設立、理事長として自ら陣頭に立ち、昭和四八年東大退官を契機に、大学では実現不可能であった、先生の理想である「個人指導の場の共同体」の実現をめざして東方学院を開院、「真理探究を第一義として、学歴・年齢・職業・国籍・性別などにとらわれず、本当に勉強したいと願う人びとに、広く門戸を開き」、その学院長としてご活躍中であります。

＊

そのような偉い先生であれば、さぞかし怖ろしく、近づき難い方とお思いになる方もあるかもしれませんが、事実はまったく逆でございます。私は、先生が学生を叱ったり、怒鳴ったりされたことを目撃したこともなければ、そのような話を聞いたこともありません。誰にでも謙虚で、人情味ゆたかで、笑顔を絶やさず、家庭では先生の健康管理を一手に引き受けておられる奥さまのよき夫であり、お二人のお嬢さまの慈父であり、四人のお孫さんのやさしいお祖父ちゃまであります。先生はこんなことを言っておられます。

「わたくしは、若いときから酒や煙草の楽しみを知らず、食べるほうでも、別に自然食主義者ではないが、肉類、生魚のたぐいは好みではなかった。人が趣味と呼ぶものも持ち合わせなかったし、老境に至っては、ただ、娘や孫たちのいる家に行き、そこで心おきなく居眠りすることが唯一の趣味らしい趣味にすぎない、という無粋者である」(『学問の開拓』)

ここで先生は「老境」などと言っておられますが、現在もつねに新しい学問の道を開拓し、つぎつぎと鋭い洞察に富んだ著作を公刊し、またしばしば海外からの招きを受けて学術文化の交流に尽瘁《じんすい》しておられます。先生は、昭和六二年二月から三月にかけてインドで開催されたある会議に出席されました。その旅行の前におうかがいしました折、旅行の予定をお尋ねしたところ、

「会議の後、しばらくインドに滞在して、この機会を利用して、今まであまりよく勉強する機会がなかったヒンディー語を勉強してこようと思う」

とおっしゃいました。先生が、新しい語学の勉強をされるとは、とわが耳を疑いました。帰国されてから、再びおうかがいする機会がありました折、ヒンディー語はいかがでしたか、とお尋ねしました。驚くべきことに、

「現在のインドで、シク教の開祖ナーナクがどのように見られているかを知るために、ヒンディー語で書かれたかれの伝記を一冊訳してきました」

と、こともなげにおっしゃいました。これにはビックリ仰天いたしました。いまなお若者をしのぐ情熱とエネルギーをもって学問の道に専心しておられる先生には、ただただ脱帽あるのみであります。

一九八七年六月一六日、講師紹介より

（東京大学名誉教授・文学博士）

〔付　記〕

平成一一年一〇月一〇日午前一〇時四五分、恩師中村元先生は、お子さま方に囲まれ、医師であられる洛子夫人に親しく看取られて、静かに息を引き取られた。享年八十六歳であった。インドをこよなく愛された先生のご遺骨の一部は、平成一四年一二月二〇日、ご遺族によって、ヒンドゥー教の儀礼とともにガンガー河に散骨された。

先生が病床に臥され、平成一〇年の九月三日以後、ものもいえない状態になられても、時々右の手首を少し上げられ、マジックペンをお持たせすると、紙の上にあたかも原稿を書くかのようにされ、その手の動きの跡が紙にくっきりと残された。おそらく生涯書き続けられたその習慣を、先生の右手が最期まで覚えていたのであろう。先生は、その右手一本で、日本語、英語、ドイツ語などで書かれた著書・論文合わせて約千点以上にのぼる著作を書き残された。没後の今もなお著作が出版され続けている。

先生は書斎に閉じ籠もってばかりおられたのではない。大学での教育、(財)東方研究会の運営、研究員の指導、東方学院の運営と指導、多数の人々との面会、種々の講演、テレビ出演等々、人一倍書斎を出て幅広く活躍された。一体何時どのようにして、先生はこれほどの著作をお書きになったのか、まことに不思議である。いつか先生の睡眠時間をお聞きしたことがあったが、明確なお答えは返ってこなかった。百年に一人出るか出ないかの大天才であったことは間違いないが、思うに桁外れの集中力と天才的な語学力、それに生来勉強を唯一の趣味とされたことが、秘密を解く鍵かも知れない。

先生は、日本でばかりではなく、インドでもよく知られ、高い尊敬を受けておられる。平成一六年三月一一日から一三日まで、中村元先生のご業績を顕彰するための「日印仏教哲学セミナー」が、インドのニューデリーで、インド哲学研究会議(Indian Council of Philosophical Research)と国際交流基金と(財)東方研究会の三者共同で開催された。東方研究会からは、奈良康明駒澤大学総長、日野紹運岐阜薬科大学教授、茂木秀淳信州大学教授、矢島道彦鶴見大学短期大学部教授、和田寿弘名古屋大学教授 の五名の先生方が派遣され、それぞれのご専門の仏教、ヴェーダーンタ、サーンキヤ、ジャイナ、論理学の領域における中村元先生のご功績について論じられた。筆者は日本語で書かれた、従ってインドではほとんど知られていない中村先生の主要著作について報告を行った。閉会式では、先生のご親族代表として出席されたご長女の三木純子東方研究会理事兼総務が謝辞を述べられ、出席者に大きな感銘を与え、三日間にわたるセミナーは成功裡に閉幕した。

そもそもこのセミナーは、東方研究会の発意からではなく、筆者の長年の友人でもあり、中村先生を尊敬するS. R. バット、デリー大学教授からの強い要請があって始まったことであった。開会式には、先生と親交のあったL. M. シングヴィ博士、ローケーシュ・チャンドラ博士などの著名人がつぎつぎと先生の賛辞を述べ、新任の榎泰邦特命全権大使も挨拶された。また、そのときインドに先生の名を冠したポストを計画中であることが明らかにされた。会場には、先生の日本語で書かれた主著『中村元選集〔決定版〕』全四〇巻、『広説仏教語大辞典』全四巻、『図説仏教語大辞典』一巻、『論理の構造』全二巻を展示した。これらの著作は、セミナーの後、先生と関係の深かったデリー大学の東アジア研究科に寄贈された。出席者の一人が、中村先生の写真の前に山のように積まれた著作に向かって、何回も五大投地の礼をしていたのが印象的であった。

平成一六年五月七日

東方学院長　前田專學

本書は、一九八九年九月サイマル出版会より刊行された。底本には
同時代ライブラリー版（一九九八年六月、岩波書店刊）を使用した。

仏典のことば

2004年6月16日　第1刷発行
2018年2月 5 日　第6刷発行

著　者　中村《なかむら》　元《はじめ》

発行者　岡本　厚

発行所　株式会社　岩波書店
〒101-8002 東京都千代田区一ツ橋 2-5-5

案内 03-5210-4000　営業部 03-5210-4111
現代文庫編集部 03-5210-4136
http://www.iwanami.co.jp/

印刷・精興社　製本・中永製本

ISBN 4-00-600124-X　　Printed in Japan

岩波現代文庫の発足に際して

新しい世紀が目前に迫っている。しかし二〇世紀は、戦争、貧困、差別と抑圧、民族間の憎悪等に対して本質的な解決策を見いだすことができなかったばかりか、文明の名による自然破壊は人類の存続を脅かすまでに拡大した。一方、第二次大戦後より半世紀余の間、ひたすら追い求めてきた物質的豊かさが必ずしも真の幸福に直結せず、むしろ社会のありかたを歪め、人間精神の荒廃をもたらすという逆説を、われわれは人類史上はじめて痛切に体験した。

それゆえ先人たちが第二次世界大戦後の諸問題といかに取り組み、思考し、解決を模索したかの軌跡を読みとくことは、今日の緊急の課題であるにとどまらず、将来にわたって必須の知的営為となるはずである。幸いわれわれの前には、この時代の様ざまな葛藤から生まれた、人文、社会、自然諸科学をはじめ、文学作品、ヒューマン・ドキュメントにいたる広範な分野のすぐれた成果の蓄積が存在する。

岩波現代文庫は、これらの学問的、文芸的な達成を、日本人の思索に切実な影響を与えた諸外国の著作とともに、厳選して収録し、次代に手渡していこうという目的をもって発刊される。いまや、次々に生起する大小の悲喜劇に対してわれわれは傍観者であることは許されない。一人ひとりが生活と思想を再構築すべき時である。

岩波現代文庫は、戦後日本人の知的自叙伝ともいうべき書物群であり、現状に甘んずることなく困難な事態に正対して、持続的に思考し、未来を拓こうとする同時代人の糧となるであろう。

（二〇〇〇年一月）

G344
〈物語と日本人の心〉コレクションI
源氏物語と日本人
—紫マンダラ—
河合隼雄
河合俊雄編

『源氏物語』の主役は光源氏ではなく、紫式部だった? 臨床心理学の視点から、現代社会を生きる日本人が直面する問題を解く鍵を提示。〈解説〉河合俊雄

G345
〈物語と日本人の心〉コレクションII
物語を生きる
—今は昔、昔は今—
河合隼雄
河合俊雄編

日本の王朝物語には、現代人が自分の物語を作るための様々な知恵が詰まっている。河合隼雄が心理療法家独特の視点から読み解く。〈解説〉小川洋子

G346
〈物語と日本人の心〉コレクションIII
神話と日本人の心
河合隼雄
河合俊雄編

日本人の心性の深層に存在する日本神話の意味と魅力を、世界の神話・物語との比較の中で分析し、現代社会の課題を探る。〈解説〉中沢新一

G347
〈物語と日本人の心〉コレクションIV
神話の心理学
—現代人の生き方のヒント—
河合隼雄
河合俊雄編

神話の中には、生きるための深い知恵が詰まっている! 現代人が人生において直面する悩みの解決にヒントを与える「神々の処方箋」。〈解説〉鎌田東二

G348
〈物語と日本人の心〉コレクションV
昔話と現代
河合隼雄
河合俊雄編

昔話に出てくる殺害、自殺、変身譚、異類聟、夢などは何を意味するのか。現代人の心の課題を浮き彫りにする論集。岩波現代文庫オリジナル版。〈解説〉岩宮恵子

2018. 1

岩波現代文庫[学術]

G349
〈物語と日本人の心〉コレクションVI 定本 昔話と日本人の心
河合隼雄
河合俊雄編
ユング心理学の視点から、昔話のなかに日本人独特の意識を読み解く。著者自身による解題を付した定本。〈解説〉鶴見俊輔

G350
改訂版 なぜ意識は実在しないのか
永井均
「意識」や「心」が実在すると我々が感じる根拠とは？ 古くからの難問に独在論と言語哲学・分析哲学の方法論で挑む。進化した永井ワールドへ誘う全面改訂版。

G351-352
定本 丸山眞男回顧談(上・下)
松沢弘陽
植手通有編
平石直昭
自らの生涯を同時代のなかに据えてじっくりと語りおろした、昭和史の貴重な証言。読解に資する注を大幅に増補した決定版。下巻に人名索引、解説(平石直昭)を収録。

G353
宇宙の統一理論を求めて ―物理はいかに考えられたか―
風間洋一
太陽系、地球、人間、それらを造る分子、原子、素粒子。この多様な存在と運動形式をどのように統一的にとらえようとしてきたか。科学者の情熱を通して描く。

G354
トランスナショナル・ジャパン ―ポピュラー文化がアジアをひらく―
岩渕功一
一九九〇年代における日本の「アジア回帰」を通して、トランスナショナルな欲望と内向きのナショナリズムとの危うい関係をあぶり出した先駆的研究が最新の論考を加えて蘇る。

2018. 1

G355
ニーチェかく語りき
三島憲一

ニーチェを後世の芸術家や思想家はどう読んだのか。ハイデガーや三島由紀夫らが共感した言葉を紹介し、ニーチェ読解の多様性を論ずる。岩波現代文庫オリジナル版。

G356
江戸の酒
―つくる・売る・味わう―
吉田元

酒づくりの技術が確立し、さらに洗練されていった江戸時代の、日本酒をめぐる歴史・社会・文化を、史料を読み解きながら精細に描き出す。〈解説〉吉村俊之

G357
増補 日本人の自画像
加藤典洋

日本人というまとまりの意識によって失われたものとは何か。開かれた共同性に向けた、「内在」から「関係」への〝転轍〟は、どのようにして可能となるのか。

G358
自由の秩序
―リベラリズムの法哲学講義―
井上達夫

「自由とは何か」を理解するには、「自由」を可能にする秩序を考えなくてはならない。法哲学の第一人者が講義形式でわかりやすく解説。

G359-360
「萬世一系」の研究(上・下)
―「皇室典範的なるもの」への視座―
奥平康弘

新旧二つの皇室典範の形成過程を歴史的に検証、日本国憲法下での天皇・皇室のあり方について議論を深めるための論点を提示する。〈解説〉長谷部恭男(上)、島薗進(下)

2018. 1

岩波現代文庫［学術］

G361
日本国憲法の誕生　増補改訂版
古関彰一
第九条制定の背景、戦後平和主義の原点を見つめながら、現憲法制定過程で何が起きたかを解明。新資料に基づく知見を加えた必読書。

G363
語る藤田省三
―現代の古典をよむということ―
竹内光浩
本堂　明
武藤武美　編
ラディカルな批評精神をもって時代に対峙し続けた「談論風発」の人・藤田省三。その鮮烈な「語り」の魅力を再現する。岩波現代文庫オリジナル版。〈解説〉宮村治雄

G364
レヴィナス
―移ろいゆくものへの視線―
熊野純彦
レヴィナスが問題とした「時間」「所有」「他者」とは何か？　難解といわれる二つの主著のテクストを丹念に読み解いた名著。〈解説〉佐々木雄大

G365
靖国神社
―「殉国」と「平和」をめぐる戦後史―
赤澤史朗
戦没者の「慰霊」追悼の変遷を通して、国家観・戦争観・宗教観こそが靖国神社をめぐる最大の争点であることを明快に解き明かす。〈解説〉西村　明

G366
貧困と飢饉
アマルティア・セン
黒崎　卓
山崎幸治　訳
世界各地の「大飢饉」の原因は、食料供給量の不足ではなく人々が食料を入手する権原（能力と資格）の剝奪にあることを実証した画期的な書。

2018. 1

G367
アイヒマン調書
―ホロコーストを可能にした男―
ヨッヘン・フォン・ラング編
小俣和一郎訳

ナチスによるユダヤ人殺戮のキーマン、アイヒマン。八カ月、二七五時間にわたる尋問調書から浮かび上がるその人間像とは？〈解説〉芝　健介

G368
新版 はじまりのレーニン
中沢新一

西欧形而上学の底を突き破るレーニンの唯物論はどのように形成されたのか。ロシア革命一〇〇年の今、誰も書かなかったレーニン論が蘇る。

G369
歴史のなかの新選組
宮地正人

信頼に足る史料を駆使して新選組のリアルな実像に迫り、幕末維新史のダイナミックな構造の中でとらえ直す、画期的〝新選組史論〟。「浪士組・新徴組隊士一覧表」を収録。

G370
新版 漱石論集成
柄谷行人

思想家柄谷行人にとって常に思考の原点であった漱石に関する評論、講演録等を精選し、集成。同時代の哲学・文学との比較など多面的な切り口からせまる漱石論の決定版。

G371
ファインマンの特別講義
―惑星運動を語る―
D.L.グッドスティーン
J.R.グッドスティーン
砂川重信訳

知られざるファインマンの名講義を再現。三角形の合同・相似だけで惑星の運動を説明。再現にいたる経緯やエピソードも印象深い。

2018.1

岩波現代文庫［学術］

G372
ラテンアメリカ五〇〇年
―歴史のトルソー―
清水　透

ヨーロッパによる「発見」から現代まで、約五〇〇年にわたるラテンアメリカの歴史を、独自の視点から鮮やかに描き出す講義録。

G373
〈仏典をよむ〉1 ブッダの生涯
中村　元
前田專學監修

誕生から悪魔との闘い、最後の説法まで、ブッダの生涯に即して語り伝えられている原始仏典を仏教学の泰斗がわかりやすくよみ解く。（全四冊）

2018. 1